Werner D'Inka
Rainer M. Gefeller
Fleisch!

Werner D'Inka
Rainer M. Gefeller

FLEISCH!

Eine Gesprächstherapie für Salatsklaven

SOCIETÄTS
VERLAG

Illustrationen: Greser & Lenz
Satz: Julia Desch, Societäts-Verlag
Umschlaggestaltung: Julia Desch, Societäts-Verlag
Umschlagabbildungen: © Vlad Klok - Fotolia.com
Druck und Verarbeitung: CPI books GmbH, Leck
Printed in Germany 2017

ISBN 978-3-95542-255-4

Das Menü

Der Aufschwung ist da!

Aperitif

Eine Vorbemerkung

Verehrte Damen und Herren, dürfen wir Sie einladen zu einer kleinen Abenteuerreise? Es geht zu den Feuerstellen und Fleischtöpfen unseres Landes. Steaks, Braten, Hähnchen, Würste und auch Exotisches sind unsere Begleiter. Wir versprechen Ihnen: Wir schrecken vor nichts zurück; jedenfalls einer von uns. Sie werden in diesem Buch starken kulinarischen Entdeckungen und noch stärkeren Menschen begegnen. Falls Sie auf der Jagd nach neuen Rezepten sein sollten: Vergessen Sie's, Koch-Anleitungen haben wir nicht zu bieten. Aber wir wollen gern Stimmung machen für das, was uns schmeckt: Fleisch! Wir freuen uns sehr, dass sich das Zeichner-Duo Greser und Lenz diesem Anliegen angeschlossen hat. Ihr unnachahmlicher Witz ist die passende Beilage zu unserem Menü.

Mag sein, dass Ihnen bei unserem Thema die Galle hochkommt – auch dafür haben wir Verständnis. Allerdings müssen wir darauf bestehen, dass in diesem Buch die Salatbar geschlossen bleibt. Falls eine Humor-Unverträglichkeit Sie plagt, fragen Sie höchstvorsorglich Ihren Therapeuten. Allen Fleischfreunden raten wir: Legen Sie schon mal das Steakmesser bereit. Der Hunger kommt unweigerlich beim Lesen.

Werner D'Inka   Rainer M. Gefeller

Vorspeise

Willkommen im Schlaraffenland

Dürfen wir zu Tisch bitten? Dort sitzen schon zwei Männer und säbeln an Fleischstücken herum, sie heißen Werner D'Inka und Rainer M. Gefeller (aus Gründen der Platzersparnis nennen wir sie im Folgenden D und G). Der Zweck ihrer Zusammenkunft, neben der Nahrungsaufnahme: Sie wollen Gewissenserforschung betreiben.

G: „Ganz ehrlich, sollen wir tatsächlich ein Buch über Fleisch schreiben?"

D: „Weshalb dieses Zögern? Wir waren uns doch einig."

G: „Meinst du, dass wir uns damit Freunde machen? Manchmal fühlt man sich geradezu umzingelt von Fleischverächtern."

D: „Keine Sorge, die sind und bleiben in der Minderheit. Entspann dich! Soll ich dir einen Witz erzählen? Wie erkennst du einen Veganer? Er sagt es dir!"

G: „Haha. Aber haben die Veggies nicht in vielerlei Hinsicht Recht? Massentierhaltung, Käfigbatterien, scheußliche Schlachtfabriken. Wie kann einem da das Fleisch noch schmecken?"

D: „Hast du etwa schon mal im Restaurant ein Schnitzel bestellt mit dem ausdrücklichen Wunsch: aber bitte nur eines aus Massentierhaltung? Wir sind doch verantwortlich für das, was wir verspeisen. Und da gilt die alte Regel: Für den Sohn meiner Mutter nur das Beste! Wahrhaft gutes Fleisch kommt nur von Tieren, die ein gutes Leben geführt haben. Und Fleisch zu essen, ist nun einmal ein Teil unser Kulturgeschichte."

G: „Du hättest Prediger werden sollen. Aber einen Salatesser wirst du damit kaum überzeugen können."

D: „Ich weiß, ich weiß. Die berufen sich ja auch gern auf Heerscharen von vegetarischen Lichtgestalten: Aristoteles, Horaz, Ovid, Seneca, Plutarch, Buddha (‚Kein Fleisch mehr zu essen bedeutet, in jenen Strom einzutauchen, der ins Nirwana führt'), Pythagoras, Franz von Assisi, Voltaire, Kant, Schopenhauer, Abraham Lincoln (‚Ich bin für die Rechte der Tiere genauso wie für die Menschenrechte'), Friedrich Nietzsche, Rudolf Steiner, Albert Einstein, Michael Jackson. Und Will Kellogg (der Flocken-Erfinder): ‚Wie kann man nur irgendetwas essen, was Augen hat?'"

G stochert mit der Gabel in seinem Fleisch: „Das hier hat keine Augen, obwohl es Ribeye Steak heißt. Weißt du, was mich an diesen Kostverächtern stört? Die Übellaunigkeit. Dieser Eifer, einem die Suppe zu versalzen und das Fleisch madig zu machen. Diese Hybris, die Wahrheit gepachtet zu haben."

D: „Genauso ist es. In dem satirischen Roman ‚Wurst und Wahn' kannst du lesen, wohin dieser Kreuzzug führt, wenn wir nicht tierisch aufpassen: Fleisch und Wurst gibt es im Supermarkt nur noch hinter einer hohen Wand, so wie früher den Schweinkram in der Videothek. Wer sich noch traut, diesen Vorhof der Hölle zu betreten, hat sich vorher dreimal umgeschaut, ob ihn jemand sieht. Currywurst, Ochs am Spieß und Hackepeterbrötchen gibt

Griechenland und Italien vor dem Kollaps, ist als nächstes das Schlaraffenland dran?

es nur noch im Schmuddelviertel der Stadt. Nein, wir sollten uns die Laune und die Lust auf Fleisch nicht verderben lassen. Ich liebe Schinken auf einem guten Stück Brot, und ich beiße mit Genuss in eine Bratwurst. Eine heitere Gesinnung ist ein Segen für jede Tischgesellschaft."

G: „Recht hast du. Mir kommt gerade ein Traumbild in den Sinn. Schließ mal kurz die Augen."

D: „Wie soll ich denn da meine Haxe essen?"

G: „Nur kurz, das fördert die Phantasie. Ich träume vom Schlaraffenland. Flüsse voller Milch und Honig, Brunnen voller Wein und Champagner. Die Balken in den Häusern sind aus Schweinebraten, die Zäune aus Bratwürsten geflochten, die Vögel fliegen gebraten direkt ins Maul, an den Bäumen wachsen Würste und Schinken, die Spanferkel laufen gebraten übers Land, das Tranchierbesteck gleich im Rücken."

D: „So ein Schlaraff wäre ich auch gern. Wenn es das Land nicht nur im Märchen gäbe..."

G: „Die Franzosen behaupten ja, es liege im Lauragais, südöstlich von Toulouse. Aber unsere Nachbarn waren ja immer schon der Auffassung, alles Paradiesische gehöre zu ihnen..."

D: „Willkommen im Schlaraffenland. Das ist es doch! Soll doch jeder essen, was er will. Meinst du nicht, dass die Vorstellung auch unsere Fleischverächter überzeugen könnte?"

G: „Ist doch egal – Hauptsache, wir sind überzeugt. Ansonsten sollten wir uns an ein wunderbares Liedchen von Stephan Remmler erinnern: ‚Alles hat ein Ende, nur die Wurst hat zwei...'".

Erster Gang

Unter Wilden

Euter, Kutteln, blaue Würste: Der Mensch verträgt allerlei – vor allem, wenn er über einen süddeutschen Kampfmagen verfügt. Eine Expedition ins Reich der Allesesser.

Es gibt kein Essen, das so gut ist, daß es nicht auch einmal schaden kann. Sollte einmal etwas schiefgehen, brich nicht für immer mit mir, deinem Freund. Man kann auch an Wasser ersticken.
Hector Abad in seinem Büchlein „Kulinarisches Traktat für traurige Frauen“

Nach dem WHO-Urteil: Es wird noch unruhiger in Deutschland

Fünf Männer sitzen um einen Ecktisch, einer steht daneben. Die fünf in der bequemeren Lage sind: die für ihre skurrilen gezeichneten Witze berühmten und berüchtigten Herren Achim Greser und Heribert Lenz, der Buchverleger René Heinen sowie die unvermeidlichen D und G. Der Mann, der sich jetzt leutselig über den Tisch beugt, heißt Florian Löffler, Küchenchef im „Oechsle", einem Restaurant im Aschaffenburger Hotel „Zum Goldenen Ochsen". „Wie machen wir's denn", fragt, nein: brüllt Herr Löffler in die Runde.

Das Tonbandgerät geht seiner Arbeit nach, es verzeichnet – obgleich die Gaststube eine gediegene Bürgerlichkeit ausstrahlt – einen beinahe infernalischen Lärm, der allein von dieser Männer-Runde entfacht wird. G brüllt zurück: „Wir hätten gern Fleisch. Wir arbeiten an einem Buch über Fleisch, und zwar…" (jetzt wird er noch ein wenig lauter) „…wie ich ausdrücklich betonen möchte, aus einer nicht-veganistischen Grundhaltung heraus." – „Ach so", sagt der Küchenchef. Und dann:

Herr Löffler: „Sehr sympathisch. Also speisen die Herren heute Abend ausschließlich Schweinesteaks blutig."

Greser: „Da hört man das Schwein noch grunzen."

Der Wirt: „Wenigstens möchte ich raten, dass wir den Mozzarella dann mit Speck bereiten…"

Die Herren lachen. Einer, dessen Heiterkeitsausbrüche über die Grenzen des Frankenlandes hinaus berühmt sind, lacht besonders laut – der Herr Greser, der natürlich noch eins draufsetzen muss.

Greser: „Und die Tofu-Bällchen wandern umgehend in die Biotonne."

Der Wirt zu Greser: „Hast du Angst vor Kalbsbries?"

Greser: „Nein, du hast mir das mit so hellen Worten gepriesen. Das wird gegessen."

D: „Ich freue mich darauf!"

G: „Muss ja keine ganz große Portion sein."

Der Wirt: „Aber jetzt erstmal einen hiesigen Mozzarella, mit Kirschen und grünem Olivenöl, Brotkrusten aus dem Frankenlaib und Speck. Danach ein kleiner Zwischengang mit der Drüse."

Lenz (etwas zögerlich): „Ich lass mich überraschen."

Greser: „Was ist denn dieses Bries genau?"

Der Wirt: „Die Thymus-Drüse sitzt im vorderen Bereich der Brust bis zum Hals, sie wird oft mit dem Hirn verwechselt. Ist fast weiß, äußerst zart und fein im Geschmack."

Die Herren trinken Bier, die Gläser klirren, nein: scheppern mal wieder. G muss die gut gelaunte Runde mit einer scherzhaften Bemerkung drangsalieren: „Da ich die Finanznöte unseres Buchverlegers kenne, war ich für einen Moment versucht, Leberkäs' mit Spiegelei zu bestellen ..." Der Moment muss sehr kurz gewesen sein.

Der Wirt steht schon wieder am Tisch: „Als Hauptspeise gibt es Maibock. Das ist ein Rehbock, der darf ja ab Mai wieder geschossen werden. Sollen wir eigentlich die Kutteln auch noch dazwischenschieben?"

G zeigt auf D: „Der Mann ist ganz scharf darauf."

Lenz: „Für mich bitte nur eine GANZ KLEINE Portion."

G: „Für mich auch."

Herr Heinen (enthusiastisch): „Für so etwas muss man sonst ins Elsass fahren. Kutteln! Phantastisch. Frankfurt ist ja in solchen kulinarischen Randlagen etwas behindert."

Greser: „Was findet man überhaupt bei euch in der Großstadtküche. Crossover und so'n Zeug, oder?"

D: „Maispoularde. Die fehlt auf keiner Speisekarte mehr."

G: „Neulich wurde in einer Fernsehreportage berichtet, dass die Europäer am liebsten Hühnchenbrust essen, während in manchen afrikanischen Ländern die Schenkel begehrter seien."

Lenz: „Die Schenkel, die werden alle von uns dorthin geschickt. Die müssen essen, was wir übriglassen."

Eine kurze Phase betroffenen Schweigens. Die Herren gabeln den Mozzarella herunter. „Wo ist denn hier der Speck?", fragt Herr Heinen. „Frankenlaib", murrt Greser, „auch so ein Angeberwort. Als wenn es anderswo keine Brotlaibe gäbe!" Der Verleger doziert, dass das Restaurant im Guide Michelin zwar keinen Stern, aber eine lobende Erwähnung errungen hat.

Greser hat das Große und Ganze im Blick: „Ich glaube, dass wir kurz davorstehen zu erleben, wie das Pendel zurückschlägt. Die Menschen fremdeln mit vielen Folgen der Digitalisierung und der Globalisierung, sie fremdeln vor allem mit der um sich greifenden Verbots- und Gebotskultur. Diejenigen, die sowieso widerständig waren, sagen jetzt zum Beispiel: Jawohl, wir bekennen uns dazu, dass wir auch gern Fleisch essen ..."

G: „Diejenigen, die aus anständigen Familienverhältnissen stammen ..."

Greser guckt um den Tisch herum: „Bei wem ist denn das nicht der Fall?"

G: „... die haben häufig den Veganismus daheim am Hals. Es gibt immer eine Tochter, eine Tante, eine Nichte – meistens, so scheint es, jüngere Frauen – die sind imstande, einem jede Familienzusammenkunft zu versauen."

Erneut verständnisvolles Ablachen.

Herr Heinen: „Wir können derzeit jedenfalls erleben, dass das Digitale im Buchgeschäft auf dem Rückmarsch ist."

Greser: „Echt? Das E-Book läuft nicht mehr?"

Herr Heinen: „Tot. Das Geschäft ist tot."

Greser: „Ich habe aber gehört, dass vor allem die Deutschen da so rappelköpfig sind."

Lenz: „Bei den Amerikanern läuft das doch anders."

Herr Heinen: „Ja, das stimmt. Aber auch dort wurde der digitale Triumphzug heillos übertrieben dargestellt. Vor einigen Jahren wurde behauptet, E-Books hätten einen Marktanteil von 44 Prozent. In Wahrheit sind es wohl nur 17 Prozent."

D: „Selbst in Amerika?"

Herr Heinen: „Ja, sogar dort. Und bei uns sind es vier bis fünf Prozent."

G: „Um auf unser Thema zurückzukommen: Die Nahrungsaufnahme findet ja sowieso immer noch in der analogen Welt statt. Herr Verleger, Sie verlegen ja dieses Buch zum Thema Fleisch. Wieso eigentlich? Sie sehen ja nicht aus wie ein gestandener Haxen-Verdrücker. Was essen Sie gern, was hat Ihre Mutter gern gekocht? Diese Dinge sollten hier mal auf den Tisch."

Herr Heinen: „Grundsätzlich möchte ich anmerken, dass ich es bedenklich finde, dass wir aus einem pseudo-moralischen Impetus heraus die Tiere gar nicht mehr richtig essen. So ein Bries, Nieren, Leber stehen ja in Deutschland häufig gar nicht mehr auf der Speisekarte. Das ist doch eine unzulängliche Verwertung des Tieres. Da sind nur noch Filet oder Steak oder Koteletts en vogue – der Rest wird nicht mehr gegessen. Das sieht in unseren Nachbarländern, zum Beispiel in Frankreich und Österreich, schon ganz anders aus. Ich frage mich, welche bigotte Haltung steckt dahinter? Warum ekeln wir uns vor Fleischarten, die gestern noch selbstverständlich gegessen wurden?

Meine persönliche Leibspeise? Ich habe ja länger in Spanien gelebt. Da wird das Steak, anders als bei uns, aus der Rippe geschnitten, vergleichbar dem amerikanischen T-Bone-Steak. Das ist groß und gut. Das kommt von einem Fleischer um die Ecke, das ist echtes Slowfood ..."

Greser: „Was heißt denn das eigentlich, dieses Slowfood? Von einem lahmarschigen Koch zubereitet?"

Herr Heinen: „Das eher nicht. Das kommt nur wenige Sekunden in die Pfanne, von beiden Seiten angebrutzelt ..."

G: „Das heißt, es blutet auf dem Teller."

Herr Heinen: „Auf jeden Fall."

G: „Sitzen Sie beim Essen dann immer allein am Tisch, oder bleibt Ihre Frau dabei?"

Herr Heinen: „Meine Frau hat sich an den Anblick gewöhnt. Die Kinder ekeln sich."

Greser: „Aber es gibt ja auch Fleisch, das man gern vollkommen durchgegart genießt, das auf der Gabel in seine Fasern zerfällt. Das ist doch auch wertvoll und ein Genuss. Es muss nicht immer blutig sein!"

D: „Sowas gibt's doch sogar in Frankreich! Cassoulet oder Boeuf Bourguignon zum Beispiel, das stunden- oder gar tagelang geschmort wird – wunderbar! Von der deutschen Braten-Kultur ganz zu schweigen."

G: „Was isst du denn am liebsten?"

D: „Ich bin ja ein großer Freund davon, dass man einfache Dinge gut macht. Deswegen schätze ich Bratkartoffeln zum Beispiel, mit einer guten Bratwurst!"

Greser: „Das kann extrem gut und extrem furchtbar schmecken."

Da steht der Küchenchef wieder neben den Herren. „Da ist sie, die Thymus-Drüse", sagt er, „mit a'm weißen Spargel." Greser fragt nochmal nach und stupst das hellbraun gebratene Fleischhäppchen mit der Gabel an: „Das ist das Bries, ja?" Zwischendurch wechseln Greser und der Wirt in eine Sprachform, die auch bei mehrmaligem Nachhören auf dem Tonband nicht übersetzungsfähig ist. Das fränkische Idiom, dargeboten in der Stimmlage zweier grippekranker älterer Frauen. Es muss heiter sein, die beiden lachen. Die übrigen werden von einem schwärmerischen Drüsenfieber heimgesucht. Greser murrt nur über die Beilage: „Spargel ist doch weithin überschätzt. Eine Art Kasten-Gemüse." G sagt: „Als Kind habe ich Spargel gehasst. In der Schule habe ich einen Mathe-Lehrer gefunden, der meiner Verachtung das wissenschaftliche Fundament bereitet hat. Spargel, sagte er, bestehe zu über 90 Prozent aus Wasser, habe mithin keinerlei Nährwert. Warum sollte man ihn dann essen? Inzwischen allerdings mag ich Spargel sehr gern."

Herr Heinen: „Das Bries schmeckt echt super."

D: „Ich mag sowieso gern Innereien. Für eine schöne Kalbsniere in Senfsauce wäre ich bereit, Menschen anzufallen."

Herr Heinen: „Geht mir ähnlich."

Greser mahnt zur Vorsicht. Innereien seien doch allesamt Harnsäure- und damit Gicht-fördernd. „Ach ja", sagt Herr Heinen, „ein bisschen Gicht habe ich auch." – „Wer nicht?" fragt D. G gibt den Aufklärer: „Dagegen hilft das Allerheilmittel Allopurinol. Nehme ich sicherheitshalber durchgängig." – „Ach was", sagt Greser. „Ist ja vor allem eine Männerkrankheit", weiß Herr Heinen, „in früheren Zeiten eine Krankheit der Lords." – „Und ein Wohlfahrtsgebrechen", doziert Greser. Herr Heinen, der häufig eine eher traurige Stimmlage sein eigen nennt, wechselt zurück zum Genuss. „Es gibt nichts Schlimmeres", erzählt er mit leicht belegter Stimme, „als wenn man so etwas in einer Begleitung zu sich nimmt, die derartige Köstlichkeiten nicht zu würdigen weiß. Ein Schulfreund von mir ist in diesen Fragen äußerst heikel, weil er sehr stark von dem Korrektheitsdiskurs in der eigenen Familie geprägt ist. In Frankreich hat er sich mal eine gebratene Gänsestopfleber bestellt – und als die kam, hatte er plötzlich Gewissensbisse, die er auch äußerte. Wir haben ihm gesagt: ‚Komm, iss, versau uns nicht den ganzen Tag.' – ‚Wenn meine Frau das wüsste', hat er geklagt. ‚Die ist aber nicht hier', habe ich ihm geantwortet, ‚du bist hier auf Männer-Wellness …'" G hat einen praktischen Vorschlag: „Ich würde den mitsamt seiner Stopfleber fotografieren, dann ist Ruhe. Manchmal kann eine kleine Erpressung Wunder wirken."

Der Küchenchef ist wieder da. „Passt alles?", fragt er. „Sensationell", lobt D. „Ja", schwärmt der Wirt, „ich mag's total gern. Leicht süßlich, so soft. Aber es muss ganz frisch sein. Manche Köche pochieren das Bries – dann hat es schnell mal die Konsistenz von Gummi. Das hier ist roh gebraten." Die Herren äußern ihr Entzücken. Nur Lenz ist ziemlich schweigsam.

D: „Dem Franken seine Religion ist ja der saure Zipfel, nicht wahr?"

Greser: „Von Religion würde ich nicht sprechen. Ist halt eine deutlich andere Zubereitungsart der Bratwurscht."

Die Sauren oder Blauen Zipfel sind Bratwürste, die roh in einem Sud aus Zwiebeln, Essig, Weißwein, Salz und Zucker geköchelt werden. Dabei laufen die Bratwürste leicht bläulich an. Manchem gelten sie als überragende fränkische Delikatesse. Andere gehen lieber auf Distanz.

Greser wehklagt: „Mehr Bedeutung hat das Fränkische ja sowieso nicht mehr als diese Wurst. Spätestens seit Lothar Matthäus ist der Stolz auf den eigenen Stamm doch ziemlich verschwunden."

Herr Heinen (gutmütig): „Aber er war doch ein großer Fußballer."

Greser: „Ja, ja, aber die Zeit danach ... Er könnt ja auch einfach mal sein Maul halten. Wenn der Mann spricht, setzt sofort das Fremdschämen ein. Der Söder ist ja auch Franke."

Herr Heinen: „Tatsächlich?!"

Lenz: „Es gibt auch andere. Tilman Riemenschneider zum Beispiel."

Schallendes Gelächter.

Greser: „Ja, Riemenschneider. Und Dürer! Lauter wunderbare Franken."

G (streng): „Jetzt mal zurück zum Essen. Was bedeutet Fleisch eigentlich? Ist das ein Grundnahrungsmittel?"

Greser: „Ja, das sehe ich so. Ich habe ja früher noch an Hausschlachtungen teilgenommen, habe auch mit einem Cousin zusammen selbst eine Hausschlachtung gemacht. Wir haben, wie es damals noch üblich war, eine Sau gekauft, den Schlachter bestellt und uns die Beute geteilt. Ich mag das sehr. Das ist archaisch. Das ist ein elementarer Teil des Fundaments unserer Zivilisation – diese Techniken entwickelt zu haben, mit dem Geschmack und der Konservierung zu experimentieren ... Dagegen zu sein ist schlicht abartig, es ist uns wesensfremd und ich habe schon einen Zorn auf die Veganer, die das alles vom Grundsatz her in Frage stellen. Viele Veganer stehen für mich auf einer Stufe mit den Salafisten – mit Menschen also, die ein böses, zerstörerisches Programm haben."

G: „Wie hält es denn der Franke mit dem Tierwohl?"

Greser: „Das Tier ist ja sowohl Gegenstand der Sentimentalität als auch der Nahrungskette. Ich habe einen Bekannten, dessen Vater war Jäger. Die haben irgendwann einen Wildschwein-Frischling daheim aufgezogen. Das Tier entwickelte dann ja auch eine gewisse Persönlichkeit und eine Nähe zur Familie – da war der Vater nicht mehr in der Lage, es totzuschießen, wie er's ja bei seinen Artgenossen ohne Bedenken tat. Da war die Sentimentalität größer als der Appetit."

» Das Tier ist ja sowohl Gegenstand der Sentimentalität als auch der Nahrungskette. «

G: „Wenn man von nördlich der Mainlinie gen Süden blickt – den raffinierten Unterschied zwischen Franken und Bayern nimmt ja dort niemand zur Kenntnis, die Baden-Württemberger werden auch noch mit eingemeindet – dann ist der Eindruck weit verbreitet, im Alpenvorland lebe eine ganz besondere, fleischfressende Menschengattung."

Der Badener D unterdrückt den Hinweis, dass es Baden-Württemberger nicht gibt, sondern nur Badener und Schwaben. Erstere essen geräucherte Schweineschulter („Schüfeli" oder „Schäufele"), letztere Spätzle mit Linsen. Das sagt alles.

Greser: „Jedenfalls regiert hier noch die regionale Küche, seit Jahrhunderten schon. Ich denke, dass die süddeutschen Stämme einander in dieser Frage sehr ähnlich sind und sehr traditionsbewusst bleiben. Ob Fleisch dazu gehört oder nicht, hatte immer damit zu tun, ob es verfügbar oder erschwinglich war. Und dann gab und gibt es ja noch das kirchliche Gebot, freitags auf Fleisch zu verzichten."

G: „Da sind die Menschen ja recht findig. Tiere, die in Wassernähe lebten, wurden früher kurzerhand zu Fischen erklärt und waren damit auch am Freitag erlaubt. Biber und ähnliches Getier."

1991 erschien ein Buch unter dem Titel „Tief in Bayern", als Autor wurde der texanische Kulturanthropologe R. W. B. McCormack angegeben. Er näherte sich dem süddeutschen Stamm wie ein Ethnologe des 19. Jahrhunderts, der zum Beispiel den afrikanischen Völkern längs des Nils auf die Schliche kommen wollte. „Der Bayer", schreibt McCormack, „nimmt seine Speisen am liebsten in geballter Form zu sich. Der monolithische Knödel ist wesensverschieden von den diffusen Spätzle der benachbarten Schwaben. Größe rangiert vor Geschmack". Frömmigkeit ist den Bayern eigen, aber: „Über das Sanctum wird das Schweinerne gestellt. Die Sau steht hier, wie Polt es formulierte, im Zenit ihrer Erfüllung." Was dem Kampfmagen der deutschen Wilden zugeführt wird, braucht auch eine zufriedenstellende Verarbeitung: „Nach dem Genuss von Bier verschafft sich der Bayer mit Rülpsern und Kopperern Luft. Auf besonders gelungene Exemplare macht er seine Umwelt mit erhobenem Zeigefinger aufmerksam."

Der Volkskundler stützt seine teilnehmende Beobachtung auf eine Vielzahl von Aussagen, die die Eigenart des bajuwarischen Eingeborenen illustrieren. Auf die Frage an einen zeitgenössischen Künstler, warum der sich in Bayern wohl fühle, antwortet der programmatisch: „Mir schmeckt gut eine Tellersülze". Ein angemessener Umgang mit Essen und Trinken hilft dem Bayern-Stamm auch über Tragödien und Abgründe des Lebens. Sitzt einer, schreibt McCormack, in seiner Stammkneipe, als der Wirt einen Telefonanruf entgegennimmt. „Sepp", sagt er, „dein Vater is gschtorm." Antwortet Sepp: „Dann gibst mer a Dunkls." Übrigens: Besagter Kulturanthropologe McCormack ist erfunden; das Buch hat ein bayerischer Amerikanistik-Professor verfasst, der sich redlich Mühe gab, seine Identität zu verschleiern. Er fürchtete wohl die Rache seines Stammes – obgleich seine Ermittlungen so wahrhaftig sind, dass auch eine empirische Untersuchung kaum andere Ergebnisse gezeitigt hätte.

G: „Eine Zeitlang habe ich ja in Oberfranken gelebt, da sind einem auch in der Kulinarik Dinge begegnet, von denen man im

Rest der Republik noch nie was gehört hat. Und auch nichts hören will! Zum Beispiel Gänsschwarz. Das gibt es zur Kirchweih, mancherorts aber auch zu Weihnachten in Oberfranken. Eine dickflüssige Blutsuppe von Gänsen, darinnen dümpeln Innereien, Füße, Köpfe, Knochen. Vor manchen Gasthäusern stehen die Einheimischen mit ihren Kochgeschirren dafür Schlange. Ich habe das nicht probiert, will es auch nicht. Ein Kollege hat damals erzählt, wie einer, der vor ihm in der Schlange stand, bei der Essensausgabe drängte: ‚Tu mir mal noch ein paar Schlappe mit nei.' Schlappe, das sind die Gänsefüße, die offenbar auch manchem schmecken."

Von der Blutsuppe zur Blutwurst ist es nicht weit. „Die Blutwurst können ja heute viele gar nicht mehr ertragen", brummt Greser, „wahrscheinlich schon wegen des Namens. Wenn das Paté de Irgendwas heißen würde, dann wären sie alle ganz verrückt danach." G weiß: „Die Rheinländer sind ja bekanntlich Spitzenverkäufer. Die Kölner nennen die gebackene Blutwurst hochtrabend Kölsche Kaviar. Das klingt doch gleich ganz anders." – „Himmel und Äd", schwärmt der gebürtige Rheinländer Heinen – Blutwurst aus der Pfanne mit Apfelbrei ...

Der Küchenchef drängt sich in der ihm eigenen Unaufdringlichkeit ins Gespräch, er hat den neuen Gang dabei. „Die Mädchen-Portionen für die beiden Herren" – er meint Lenz und G. „Auf dem Teller", erläutert der Wirt, „haben wir veganen Speck – geräucherte Rote Bete – Linsen, Semmelknödel. Und Kutteln. Passt schon!" Bevor sich die Herren noch über die Teller beugen können, ist der Wirt abermals da und hält ihnen das Wildbret hin. „Was ist das?", fragt Greser. „Tofu", antwortet der Wirt, „marmoriertes Tofu".

Schweigend gabeln die Herren die Kutteln, die einen aus Begeisterung, die anderen eher langzähnig. „Mein Lieblingsgericht wird das nicht", verkündet G, gibt sich aber auch versöhnlich: „Ich verachte dich nicht, weil du das magst", sagt er zu D. Sorgenvoll blickt er zu seinem Nachbarn Lenz: „Der Mann hat zu kämpfen." Später wird Lenz erzählen, dass ihm der Zugang zum Fleisch schon in jungen Jahren verleidet wurde, weil der Verzehr von Lunge und Leber daheim Pflicht war. „Ich habe das gehasst", sagt er. Jetzt nähert er sich dem Fleischkonsum nur noch nach Laune. „Ich esse wirklich ganz wenig Fleisch", berichtet Lenz, „Geflügel, Fleischpflanzerl, Leberkäs, Bratwurst. Und Leberwurst! Nicht, weil ich Vorbehalte hätte, sondern weil ich's nicht mag." Greser: „Leute gibt's!"

G hat eine weitere Erinnerung aus dem Oberfränkischen beizutragen, aus Coburg: „Da stand vor mir an der Fleischtheke eines Supermarktes eine breithüftige Dame und erläuterte der Wurstverkäuferin ihr Wochenendprogramm: ‚Wir machen heute und morgen auf vegetarisch. Tu mir mal zwei Kilo Hack.'"

Greser: „Hat die nicht einmal gelacht dabei?"

G: „Kein bisschen. Die Fleischerin hat verständnisvoll genickt."

D: „Das Fleischpflanzerl kann man ja gut oder schlecht zubereiten. Wenn es gut gemacht ist, mag ich das sehr gern. Ein Kollege von mir nannte die Frikadelle immer ‚Tibet-Knolle'. Seine Begründung: Im Inneren weitgehend unerforscht."

Greser (von einem seiner Lachanfälle geschüttelt): „Dazu passt ja ein hessischer Fassenachtsspruch: ‚Die Jungfrau und die Leberworscht, die bleiben ewig unerforscht'".

G: „Die arme Jungfrau!"

G: „Was ist denn das Lieblingsfleischgericht der Herren?"

Lenz: „Leberkäs."

Greser: „Sauerbraten, weil der ein bisschen raffinierter ist. Oder, noch besser: der Sonntagsbraten. Da schwingt so viel Bedeutung mit, schon in der Konnotation und dann noch dazu die gesamte katholische Sonntagsbetrachtung. Die Vorbereitung, der Kirchgang, das Sonntagsmahl – das hat schon Festtagscharakter."

G: „Und zum Fleisch gibt es immer Knödel."

Lenz: „Nein, nein, Knödel sind ja bayerisch. Bei uns in Franken gibt es Klöß, Kartoffel- oder Weckklöß. Bei uns hat die Mutter einen Kümmelbraten bereitet. Das ist Kalbfleisch mit viel Kümmel, und in der Mitte ist eine Bratwurst. Das schmeckt ganz toll. Kümmel ist ja total unterschätzt, möchte ich bei der Gelegenheit mal sagen."

D: „Auch als Getränk!"

Da sind sie wieder, die Feinheiten der süddeutschen Identität. Klöße oder Knödel, das ist dem ahnungslosen Preußen allemal dieselbe Pampe. Knödel wie Klöße kullern werktags wie sonntags über die Teller, und das schon seit Jahrhunderten. Im 19. Jahrhundert unterlag die Ernährung des oberbayerischen Landvolks der „fast ausschließlichen Herrschaft von Mehl-, Milch- und Schmalzspeisen" (so ein Bericht aus dem Jahr 1860). Fleisch gab es in diesen kargen Jahrzehnten nur fünfmal im Jahr: an Fastnacht, Ostern, Pfingsten, Weihnachten und zur Kirchweih. Derweil mästete sich das Stadtvolk. 1840 wurden in der 83.000-Einwohner-Stadt München fast 77.000 Kälber geschlachtet, das war knapp ein Kalb pro Kopf, angeblich so viel wie in keiner anderen Stadt der Welt. Kalbfleisch gab es schon zum Frühstück, zumeist Würste und Innereien – und so zog es sich über den Tag, heruntergeschwemmt mit diversen Maß Bier.

Heute aber ruht neben apfelgroßen Kugeln aus Semmeln (Bayern) oder Kartoffeln (Franken) auch auf dem einstmals armen Land immer ein Stück Fleisch, mindestens. Spanferkel wird in Bayern gern genommen, außerdem alles, was ein geschlachtetes Tier so hergibt: Euter, Kutteln, Kalbskopf, Kälberfüße ... Die Kuheuterschnitzel werden in Bayern und Franken und übrigens auch in Berlin paniert in der Pfanne bereitet, in der kulinarisch unterbelichteten deutschen Hauptstadt werden sie stolz „Berliner Schnitzel" genannt. Im Frankenland klingt dasselbe Gericht gleich viel niedlicher: Schnickerli! In Oberfranken werden sonntags gern „Bräten" mit Klöß aufgetischt – drei Sorten Fleisch (Kalb, Rind, Schwein) in einer sämigen Tunke. Und in jedem zweiten Gasthaus südlich des Mains werden Sülzen feilgeboten, süß oder sauer, gern mit Zwiebeln. Ein großer Teller-Hit ist zudem – allerdings nicht nur im wilden Süden – der Unterschenkel vom Schwein: „Haxn", gern vom Grill oder auch gekocht.

Und wie ist das mit dem großen Unterschied? Bayern wie Franken, obwohl in einem Bundesland vereint, bestehen auf einer sauberen Grenzziehung. Für die Münchner ist die geographische Klärung einfach: Der „Weißwurst-Äquator" definiert den Unterschied. Meistens verläuft er entlang der Donau, seltener nördlich der Mainlinie, ganz selten längs dem 49. Breitengrad (nördlich von Ingolstadt). Die Franken hingegen wehren sich erbittert gegen jede Art der Eingemeindung. Sie pflegen ihre eigene Wurstkultur. Die berühmten Nürnberger. Die schon erwähnten Blauen Zipfel. Fränkische Bratwürste sind so vielfältig, wie es Gemeinden gibt. In Hof sind sie lang, dünn und fein. In Kulmbach ist vor allem das Brötchen erwähnenswert, in dem die Wurst daherkommt: Es wird mit Anis bestreut. Die Bamberger Bratwurst gilt als „mittelgrob" und wird auch gern als Sülze angeboten. Im Frankenland wird zwischen „katholischen" und „evangelischen" Bratwürsten unterschieden – in protestantischen Gegenden wird die gröbere Wurst bevorzugt, in den reicheren katholischen Städtchen wird das feinere Brät verwendet. Allemal liegt ein Segen auf der Frankenwurst: An Weihnachten wird im ganzen Land gern in die Wurst gebissen, häufig nach der Mitternachtsmesse, wenn der erste Weihnachtsfeiertag gerade angebrochen ist.

Die seltsamste aller fränkischen Bratwürste gibt es in Coburg. Auf dem historischen Marktplatz steigt tagtäglich Qualm aus zwei Wurstbuden in den Himmel, „unter dem Gesichtspunkt der Luftreinhaltung eine Zumutung", mäkelt ein Anwohner. Laut sagt er lieber nichts, denn das wäre in Coburg ein Sakrileg. Auf dem Grill brutzeln die Würste über Kiefernzapfen, manche bis sie buchstäblich schwarz sind. Macht nicht's, das verleiht den 31 Zentimeter langen Dingern erst die richtige Deftigkeit. Sie sind sowieso beinahe heiliggesprochen: 1530 soll Martin Luther in eine gebissen haben. Hat's ihm geschmeckt? Dazu schweigen die Geschichtsbücher.

Über so viel Kleinstaaterei bei den Würsteln können die Großstädter an der Isar nur die Achseln zucken: Sie haben ja ihren Äquator. Und ihre Weißwurst! Der, den sie an der Isar Weißwurst-Papst nennen, residiert in der Kochelseestraße: Ludwig „Wiggerl" Wallner ist Chef des Restaurants Großmarkthalle, das berühmt ist für seine frühmorgens um sechs zubereitete Spezialität: die Weißwurst, hergestellt zu hundert Prozent aus Kalbsbrät, Pfeffer, Zitrone, Muskat, Petersilie und einem streng geheimen „Weißwurstgewürz". Wenn das Gasthaus um punkt sieben öffnet, drängt es eine illustre Gesellschaft zur Wurst: Arbeiter und frisch frisierte Angestellte aus der Umgebung, Stammgäste und menschliches Strandgut der Nacht, mancher erhofft sich von der Wurst und dem dazu gehörenden Weißbier neuen Schub gegen den Schlafmangel.

In der Großmarkthalle ist die Weißwurst besser als das Gesetz erlaubt: mindestens 51 Prozent des Brät müssen vom Kalb sein, der Rest darf mit Schweinernem aufgefüllt werden. Früher galt die Regel, dass das letzte heilige Würstchen spätestens mit dem Zwölfuhrläuten verzehrt worden sein sollte, wegen der Vergänglichkeit der frischen Zutaten. Da sich aber heute die Ströme von japanischen und preußischen Touristen zu jeder Tageszeit über die Gastronomiebetriebe der bayerischen Hauptstadt ergießen, gibt's auch die Nationalwurst rund um die Uhr. Dem einheimischen Kenner behagt das übrigens nicht. Der traditionsbewusste Wies'n-Wirt Richard Süßmeier klärte die „Süddeutsche Zeitung" auf: Die Weißwurst „ist keine Briefmarke, die, je älter sie wird, desto wertvoller ist."

Den auswärtigen Gast erkennt man mitunter daran, dass er der Pelle mit Messer und Gabel zu Leibe rückt. Der Eingeborene hingegen „zuzelt" gern – er saugt die hellgraue Köstlichkeit aus dem Schweinsdarm. Und wie macht es der Herr Süßmeier? „Da sollte man tolerant sein. Nur, wenn ich manchmal zuschau', wie so eine Weißwurst massakriert und dann noch in kleine Bröckerl geschnitten wird – furchtbar! Ich selber esse sie wie ein Kannibale. Ich nehme sie in die Hand und beiße runter." Der Schweinsdarm, den der Wies'n-Wirt dabei mit verschlingt, ist in der Regel nicht „Made in Bayern", sondern wird aus China eingeführt, wie ein heimischer Fleischer berichtet: „Weil der Chines' genau des Kaliber hat, was wir für unsere Würscht' brauchen."

»... wenn ich manchmal zuschau', wie so eine Weißwurst massakriert und dann noch in kleine Bröckerl geschnitten wird – furchtbar!«

Der bayerischen Geschichtsschreibung folgend, hat ein gewisser Sepp Moser, Wirt in der Bierkneipe „Zum Ewigen Licht", Marienplatz 26, die Weißwurst am 22. Februar 1857 erfunden. Es war ein Sonntag, Höhepunkt des Faschings – und gerade da seien ihm die Schafdärme für seine Bratwürste ausgegangen. Schweinsdärme freilich waren noch vorhanden, da füllte er in seiner Not das Kalbsbrät hinein. Da er fürchtete, die Schweinsdärme würden auf dem Rost platzen, kochte er die Notkreation, verfeinerte sie später noch „mit allerlei Grünzeug", fertig war die Delikatesse.

Der Stadtarchivar Richard Bauer freilich streut Zweifel an dieser schönen Münchner Legende. In Wahrheit sei die Novität eine enge Verwandte der schon seit Jahrzehnten zur Starkbierzeit massenhaft vertilgten Maibockwurst. Schlimmer noch: Vielleicht war die Münchner Spezialität auch eine Nachahmung der französischen „Boudin blanc". Der Herr Stadtarchivar notiert genüsslich: „Im Münchner Bockkeller feierte diese gastronomische Errungenschaft jedenfalls ihre großen Triumphe." Der Herr Bauer äußerte seinen Zweifel just zum 150sten Jahrestag der Wurstwerdung, am Ende seiner Ausführung wird er dann aber doch von seiner Heimatliebe übermannt: „Gute Legenden haben auch ein Recht auf ein Jubiläum!"

Der Küchenchef preist einen Sauvignon Blanc aus dem Frankenland, aber die meisten Herren bleiben beim Bier. Der Wirt schafft Platz für den Maibock. „Ach was", sagt Greser, „jetzt kommt erst das richtige Fleisch?" – „Und als Nachtisch gibt es Bratwurst", vermutet G.

Greser: „Mit heißen Himbeeren? Zum Thema Fleisch möchte ich auch noch erwähnen, dass es in Gegenden wie dieser, wo Traditionen noch gelebt werden, eine Abstimmung mit den Füßen gibt beim Fleischkauf: Auch wenn die Supermärkte jetzt alle eigene Fleischtheken haben – der Traditionalist geht zum Metzger seines Vertrauens. Da weiß er, was er bekommt. Und da stehen auch noch die Haustöchter hinterm Tresen, herrlich herausgefressen anzuschauen, die in keiner Weise der Instagram-Influenza unterlegen sind, rotwangig, eine Wärme und Vertrautheit verbreitend. Was hat das für eine Herzensschönheit!"

D: „In solchen Läden wird auch gern auf die Frage: ‚Haben Sie noch die fette Grobe?' geantwortet: ‚Die hat heute Berufsschule …'" Ein weiterer Heiterkeitsausbruch sowie der Griff zum Glas bilden eine angenehme Symbiose.

G: „Aber viele Fleischer flüchten sich ja heutzutage auch schon in Standardprogramme. Wurstringe wie mit dem Zirkel geschnitten, kerzengerade Salami, alles muss porentief rein sein."

Lenz: „Und der Metzger ist durchtrainiert und schlank."

Greser: „Der Marathon-Metzger!"

Herr Heinen: „Da muss man doch misstrauisch werden."

Greser: „Es gibt Zeiten, zu denen geht man ohnehin besser nicht in die Metzgerei. Zum Beispiel unter der Woche mittags, wenn die ‚Heiße Theke' geöffnet ist und Männer in Handwerkshosen in der Schlange stehen und auf ihren Imbiss warten."

Lenz: „Besonders hart sind die Sammelbesteller, die vom Zettel ablesen: zwei Stück heiße Fleischwurst mit Brot, zweimal Nudelsalat, drei Leberkäs im Brötchen, einen mit scharfem, einen mit süßem, einen mit gar keinem Senf …"

G: „Samstagsfrüh treten die alleinstehenden älteren Damen ins Geschäft. Zwei Scheiben Cervelatwurst, ‚aber nicht so dick geschnitten wie beim letzten Mal'."

Lenz: „Um den Nachwuchs anzufüttern, wurden ja auch die Würste mit Gesicht erfunden."

Greser: „Die Bärchenwurst! Die Kleinen werden ja sowieso schon korrumpiert, indem die Verkäuferin ihnen eine Scheibe Wurst gratis über den Tresen reicht."

Lenz: „Und die Mutter drängt dann: ‚Und? Was sagt man da?!'"

Die Herren begeistern sich für die Rituale im Fleischerladen im Allgemeinen und für Rindsrouladen im Speziellen. „Das ist eine schöne Erinnerung an meine Kindheit", schwärmt Lenz. „Rind war ja für die allerhöchsten Festtage vorbehalten", erinnert sich Greser. D, der gebürtige Badener, erläutert, dass man die mürbe geköchelte Fleischrolle in seiner Heimat „Fleischvogel" nennt: „Ich weiß gar nicht, warum." – „Weil ihr ja immer schon alles gegessen habt", spottet G. „Stimmt nicht", erwidert D, „Amseln zum Beispiel nicht. Die bleiben den Italienern vorbehalten." – „Mit Blutwurstfüllung", empfiehlt Hobby-Koch Greser.

„Achtung bitte!" Der Wirt unterbricht das Geplänkel. „Was soll denn jetzt noch kommen? Ich bin doch schon pappsatt", nörgelt Greser. „Na, der Bock", sagt der Wirt. „Der Rücken, den ich vorhin vorgezeigt habe. Dazu Meerrettich, grober Senf, Polenta mit Nussbutter und Parmesan und der wilde Brokkoli, Cima di Rapa. Haut rein."

„Und was ist das da?", fragt Greser.

Der Wirt: „Butter mit Frankfurter Grünen Kräutern."

Greser: „Selbst gemacht?"

Der Wirt: „Natürlich nicht. Holen wir immer beim Liddel."

Das Besteck knirscht, endlich mal weiß keiner was zu sagen – außer D: „Das schmeckt schon sehr gut!" Der Rest ist versonnenes Schweigen, erste Anzeichen von wohliger Ermattung sind bemerkbar. Ein Scheibchen Maibock ist einsam zurückgeblieben. „Bei dem Stückerl da traut ihr euch nicht?“, fragt fassungslos der Wirt. Schon hat G den Fleischfetzen auf dem Teller. Die anderen Herren schauen ihn an. „Soll ich das noch teilen?“, fragt G. Keiner widerspricht.

Wenige Minuten später verzeichnet die Tonbandaufnahme erneut tumultartigen Lärm, Gläserklirren, Tellerklappern, die alles dominierende Stimme des Herrn Löffler gibt Aufschluss: „Die Maibockschulter, dazu Kroketten mit Speck und Zwiebeln.“ Herr Heinen verlässt wortlos den Tisch. „Wo geht der denn hin?“, fragt der Wirt. „Der ist satt“, verkündet einer, „bevor's ans Zahlen geht, macht er sich davon. Wie in alten Zeiten!“ Greser ist unzufrieden: „Das ist zu viel. Viel zu viel! Und dann auch noch in dem Tempo. Wie soll man das alles essen? Wir mästen uns hier ... Aber lasst's euch schmecken.“ „Lass doch den Spargel liegen“, rät Lenz. Das Tonband offenbart, dass Herr Heinen zurückgekehrt ist. „Schmeckt schon wieder“, sagt er kurz darauf.

Auf dem Gipfel des Genusses, Messer und Gabel zerteilen das butterzarte Fleisch, kommt D schon wieder in Lästerlaune: „Es ist viel zu wenig erforscht, ob das Radieschen nicht auch Schmerz empfindet, wenn man es brutal aus dem Erdreich zupft. Dazu habe ich von den Veganern noch nichts gehört!“ Greser verweigert die weitere Nahrungsaufnahme, „ich schaff das nicht mehr“. D sitzt praktischerweise neben ihm und hilft.

G: „Was war eigentlich das exotischste Fleisch, das ihr jemals gegessen habt?“

D: „Alligator. In Florida.“

G: „Wahrscheinlich Mai-Alligator. Ganz scheue Tiere.“

D: „Schmeckte jedenfalls nach nix. Etwas quallig, molluskenhaft. Wirklich ohne Eigengeschmack. Und Qualle habe ich gegessen, in China. Ist das überhaupt Fleisch?“

Herr Heinen: „Eher eine Amphibienart.“

G: „Und, war das zäh?“

D: „War in feine Streifen geschnitten, und dann wurde Sojasoße drübergekippt. Schmeckte demzufolge nach Sojasoße."

G: „Quallen würde ich aus Rache gern mal vertilgen. Ich bin mal im Mittelmeer in einen Schwarm Feuerquallen geschwommen – Medusen, wie die Italiener sie nennen. Brannte wie Hölle und ich hatte die Ätzspuren noch ein Jahr danach am Körper."

D: „Hast du seitdem diesen eigenartigen Haarschnitt?"

Das Gespräch schlägt rätselhafte Volten, von Dunja Rajter bis zu den Edelbränden von Ziegler. „Der da macht 13 Euro, dieser hier sieben Euro", lockt der Wirt. „Für fünffünfzig tät ich ihn nehmen", sagt Greser. Der Wirt ruft in die Küche: „Bring mal den Kochschnaps für den Herrn!" Eine Alte Zwetschge wird es endlich, der Schnaps gluckst in die Gläser. „Ach, guck mal, wie du da eingeschenkt hast", moniert der fränkische Grantler Greser, „kein Millimeterle über den Eichstrich. Das nenn ich wirklich großzügig!" – „So bin ich nicht", blafft der Wirt zurück, „guck halt genau hin. Guck, das ist 0,3! Wenn ich dafür noch geschmäht werde, schütt's wieder zurück!"

Die Runde ist schon in Auflösung begriffen, da kehrt G vom Toilettengang zurück. Unterwegs musste er an einer Vitrine vorbei, in der neben kulinarischen Erzeugnissen auch satirische Einmachgläser des Aschaffenburger Künstlers Gerd Sendelbach feilgeboten werden. Jetzt berichtet G begeistert: „Da findet sich das Motto unseres Buches! In einem Weckglas steht eine kleine, gut gepolsterte und dünn bekleidete Frau, dazu ein erläuternder Text: ‚Der Geist ist willig. Das Fleisch auch!'"

GESPRÄCHSPARTNER

Greser und Lenz – das sind zwei Männer, die es sich gefallen lassen müssen, fast ausschließlich zusammen wahrgenommen und genannt zu werden, ganz so, als wären sie zu einer einzigen Person verschmolzen. Das ist natürlich Quatsch, vielleicht wollen sie sich auch hinter ihrem Markennamen verbergen. Achim Greser wurde am 20. Mai 1961 in Lohr am Main geboren, Heribert Lenz am 26. Februar 1958 in Schweinfurt. Beim Grafikstudium in Würzburg haben sie einander kennengelernt – und herausgefunden, dass sie beruflich geradezu eine Idealkombination abgeben. Ihre Bürogemeinschaft, die sie „Witzmanufaktur" nennen, arbeitete für das Satiremagazin Titanic, wo sie ab Mitte der achtziger Jahre zum Beispiel die politischen Comicserien „Genschman" und „Die roten Strolche" ablieferten. Zehn Jahre später begannen Greser und Lenz mit der Belieferung der F.A.Z. Ihre „Witze für Deutschland", auch in Zeiten stets raffinierter werdender Computergrafiken immer noch klassische Federzeichnungen, erscheinen hier fast täglich. Greser und Lenz leben in Aschaffenburg.

Dr. René Heinen leitet seit 2011 den Societäts-Verlag, den führenden Regionalverlag Hessens. Der Buchverlag rühmt sich eines anspruchsvollen Regionalia-Programms mit einer breiten Themenpalette – von Krimis über Kulturführer und Wanderbücher bis hin zu gesellschaftspolitischen Schriftenreihen. Heinen war nach seinem Studium in Münster, Madrid und Frankfurt Lehrbeauftragter an der Goethe-Universität sowie Redaktionsleiter an der Frankfurt School of Finance & Management, bevor er im Buchgeschäft seine Bestimmung fand.

Florian Löffler hat die private und berufliche Idealkonstellation gefunden: Seine Frau Nadine Gala leitet den Service im Aschaffenburger Hotel „Zum Goldenen Ochsen", er ist Küchenchef im dazu gehörenden Restaurant „Oechsle". „Fränkisch-mediterran-alpenländisch" nennt er seine kulinarische Ausrichtung, in der Küche wirkt er „immer volle Rakete", hat er einem heimischen Genussmagazin verraten. Der Mann ist von gnadenloser Witzbereitschaft, seine Speisen sind von angenehmer Raffinesse.

Zweiter Gang

Das Schweigen der Männer

Warum das Ausharren auf dem Hochsitz etwas Meditatives hat, auch wenn das Brett hart ist. Warum das Wildschwein sich nicht blicken lässt. Warum wir das Recht haben, auf Tiere zu schießen. Und warum der Jäger Joachim Saar die Jagdgegner versteht.

Jäger ist er nicht,
aber der Hang zur Übertreibung ist da.
Otto von Bismarck

Die drei Männer portionieren das Wildschwein in Gedanken schon, ehe sie es auch nur gesehen, geschweige denn erlegt hätten. Noch nicht einmal etwas zu essen bestellt haben sie, worauf der Wirt des „Baseler Ecks" in Frankfurt mit leisem Tadel in der Stimme hinweist. Allerdings ist Joachim Saar gerade so richtig in Fahrt: Gut eine Million Rehe seien im Jahr 2016 in deutschen Wäldern geschossen worden und reichlich 610.000 Wildschweine, führt er aus. Weil es D und G aber nicht ums Ballern geht, sondern um den Braten, bitten sie Saar um eine Gulasch-Überschlagsrechnung: „Setzen wir das Gewicht eines Wildschweins mal mit 40 Kilo an. Das heißt, das Tier ist ausgeweidet, aber Kopf und Schwarte sind noch dran. Ausgebeint bleiben rund 20 Kilo für Gulasch verwertbares Fleisch. Jetzt rechnen wir mal für eine Damenportion 300 Gramm ..."

G: „... und die Herrenportion?"

Saar: „Vierhundert."

G: „Ist ja auch nicht so viel mehr. Für D das Doppelte!"

Saar lässt sich nicht aus der Ruhe bringen: 20 Kilo Fleisch geteilt durch 300 Gramm, macht knapp 70 Damenportionen. Schweigend lassen die drei am Tisch diese Zahl auf sich wirken. Um sie herum wirken unterdessen ganz andere Kräfte. In asiatischen Frankfurt-Führern muss das „Baseler Eck" als eine Art In-Lokal gelistet sein, in dem ein Leckerbissen serviert wird, der den Deutschen so viel bedeutet wie den Japanern das Kobe-Rind: gegrillte Schweinshaxe. Und so bestellen ranke Asiatinnen, an denen hinten und vorne kaum Fleisch ist, dieses Trumm von Haxe, geben, wenn der Teller angereicht wird, Laute der Fassungslosigkeit von sich, machen vor Staunen runde Augen und fotografieren das vermeintliche Edelgericht auf Tennō-komm-raus.

Da entdeckt Saar an der Kneipenwand etwas Urdeutsches: „Hubertus-Schützenverein Frankfurt! In der Scheibe sieht man noch die Kugeleinschläge, und da steht auch ein Datum – Meisterschaftsschießen am 3. Juli 1913. Schaut euch das an! Doch zu-

Deutsche Verbraucher verunsichert

rück zum Wild: Ein Hirsch zum Beispiel wiegt 150 bis 180 Kilo, wiederum ausgenommen, aber noch mit Kopf."

G: „Würdest du einer vegetarisch gesinnten Runde von Damen, jede ein Prosecco-Glas in der Hand, auch so einen Vortrag über deine Jagdleidenschaft halten?"

Saar: „Warum denn nicht? Gerade bei Frauen ist Wild sehr beliebt, weil diese Tiere in Freiheit gelebt und sich ihr Futter selbst gesucht haben." Schon ein merkwürdiges Völkchen, diese Städter: Der eine isst kein Fleisch, der andere schießt es selbst.

Spätestens jetzt muss erwähnt werden, wer Joachim Saar ist: einer von rund 380.000 Jägern in Deutschland. Damit gibt es mehr Jäger als Mitbürger, die Fischer heißen (rund 267.000). Zwar übertrifft die Zahl der Veganer die der Jäger, aber auch die Zahl der Waidmänner steigt von Jahr zu Jahr. Nach Auskunft des Deutschen Jagdverbandes besaßen im März 2016 genau 381.821 Deutsche einen Jagdschein, zwei Prozent mehr als im Jahr zuvor. Die stärkste Aufzucht verzeichnen Schleswig-Holstein – und Berlin. „Subventionsjäger", vermutet D, an den hessischen Beitrag zum Länderfinanzausgleich denkend. Neuerdings zieht die Jägerei auch Frauen und Jüngere an. In einer Befragung von Jungjägern nannten 86 Prozent als Hauptmotiv, sie seien gern draußen in der Natur. Zudem wandelt sich das Image: schwerer Loden, eine zur Schau gestellte Dickhosigkeit und saufen bis der Tierarzt kommt, diese ganze Folklore ist mehr und mehr passé.

Steht der Jägerstand also in besserem Ansehen als zu Zeiten, in denen jeder als potenzieller Mörder galt, der nicht bekennender Pazifist war? Es ist noch nicht lange her, da schrieb ein Jagdverächter im Internet: „Wer Freude am Töten hat, sollte seine Persönlichkeitsstruktur hinterfragen – am besten mit professioneller Hilfe." Saar differenziert. Auf dem Land seien Jäger nie scheel angeschaut worden. In der Stadt sei der Jägerstand lange unten durch gewesen, aber das ändere sich. Der Wunsch zu wissen, woher Fleisch stamme, die Bereitschaft, weniger Fleisch zu essen, dafür aber gutes, werte den Jäger gegenüber den Fleischfabriken gerade auch im Urteil von Städtern wieder auf. Zudem hätten sich auch die Jäger geändert. Zwar gebe es die Spezies Herrenjäger noch, die von einem „Sieg über das Wild“ schwadronieren und die Trophäe für die Wohnzimmerwand als das Ziel allen Jagens betrachten, aber die würden immer weniger.

Ob die Jagdprüfung denn auch einen Charaktertest enthalte, möchte D wissen. „Nein“, sagt Saar. – G: „Würdest du das befürworten?“ – Saar: „Nein.“ – D: „Bestehen ja, befürworten nein.“ G wirft ein, dass in seiner Jugend auf dem Lande den „Dorfdeppen“ umgangssprachlich ein „Jagdschein“ zugesprochen wurde. Die durften ungestraft den größten Blödsinn machen. Heißt das, dass im Volksverständnis die Jäger auch tun und lassen dürfen, was sie wollen? Saar widerspricht. Gerade die Jagd sei „umstellt“ von Bestimmungen. Das fange damit an, dass auf der Jagd ein striktes Alkoholverbot gelte. Ein Jäger, der auf der Rückfahrt von der Jagd mit 0,5 Promille am Steuer erwischt wird, sei möglicherweise nicht seinen Führerschein los, wohl aber seinen Jagdschein und seine Waffe.

D: „Gibt es eigentlich noch Wilderer?“

Saar: „Ganz wenige.“

G: „Wo denn?“ Und gibt gleich seine Vermutung zum besten: „Bestimmt in Thüringen und Sachsen-Anhalt!“

Saar: „Romantische Wilderer gibt es nicht mehr. Die wenigen sind nur auf Fleisch aus.“

D: „Und die romantischen Wilderer? Waren die außer hinter dem Reh noch hinter den Weibern her?“

Saar: „Denen ging es darum, ihren Mut und ihre Leistungsfähigkeit zu demonstrieren.“

Tatsächlich neigte die Volksseele dazu, besonders kühne Wilderer wie Helden zu verehren. Der Bayerische Hiasl (1736 – 1771) und der Wildschütz Jennerwein (1848 – 1877) waren zu ihrer Zeit das, was heute die Torschützenkönige im Fußball sind, sie wurden umständehalber nur nicht sehr alt. Das kurze Leben des „Girgl“ Jennerwein fasst ein Volkslied so zusammen:

Es war ein Schütz in seinen besten Jahren,
er wurde weggeputzt von dieser Erd,
Man fand ihn erst am neunten Tage
bei Tegernsee am Peißenberg.

Wilderei wurde im Volk als eine Art Notwehr angesehen, nachdem im 15. Jahrhundert die bayerischen Herzöge das Jagdrecht für sich beansprucht hatten und seit dem 16. Jahrhundert Wilderei als Schwerverbrechen mit der Todesstrafe ahndeten. Nach 1800 wurden die Jagdgesetze gelockert, das Jagdregal des Adels abgeschafft und die Strafen gemildert. Nach einer kurzen Tauwetterperiode von etwa drei Jahrzehnten verschärften sich die Konflikte allerdings wieder, denn die Bauern, von der Grundherrschaft befreit, lehnten sich dagegen auf, dass die Jagd faktisch Vorrecht der gehobenen Stände blieb.

Das Gespräch wird kurz unterbrochen, weil der Wirt jetzt auf Bestellung dringt. Mit tonloser Stimme leiert er die Suppen herunter, der Mann hätte Notar werden können: Kartoffelsuppe, Nudelbrühe, Leberknödelsuppe, Spargelcremesuppe, Zwiebelsuppe. Linsensuppe und Gulaschsuppe gibt es nicht, denn „unsern Koch lierscht im Krankehaus“. Saar begnügt sich mit Frankfurter Würstchen und Kartoffelsalat. D und G versuchen ihm die Asiaten-Attraktion Grillhaxe schmackhaft zu machen, können sich aber selbst nicht dazu entschließen. D erinnert sich daran, dass er hier mittags mal eine aß – „gut war sie, aber danach war ich nicht mehr voll geschäftsfähig“. Er bestellt eine Spargelcremesuppe und eine Currywurst mit Pommes, G eine überbackene Zwiebelsuppe und ebenfalls Currywurst.

Drei Wochen später sitzen die drei wieder im Wirtshaus. D und G treffen Saar in der Gaststätte „Rabenhorst“ am Rande von Bad Soden-Salmünster. Von dort wollen sie gemeinsam zu einem Hochsitz aufbrechen. Wie das „Baseler Eck“, so ist auch das Wirtshaus „Rabenhorst“ keine Großstadt-Lounge, dafür strahlt die Gaststätte aber eine Behaglichkeit aus, die den durchgestylten modernen Schuppen in Frankfurt und Wiesbaden völlig abgeht.

D und G, die immer noch nicht genau wissen, was auf sie zukommt, stärken sich höchstvorsorglich mit einem Strammen Max und einem kleinen Pils. Der fürsorgliche Saar hat Ferngläser für die beiden Waidjünger dabei. Er stellt das Dioptrie-Rädchen auf Null und rät, ein etwa hundert Meter entferntes Ziel anzupeilen und das scharfzustellen. „Dann am besten nichts mehr verändern und auf dem Hochsitz das Fernglas um den Hals hängen." Das verhindere, dass man im entscheidenden Moment anfängt herumzunesteln – „Ei, wo isses dann?" – und dabei Lärm macht. D und G nicken wie gelehrige Schüler.

»Was ihr Sauwetter nennt, das ist für uns Jäger ideal. Wenn es regnet, dann kommen nämlich die Wildschweine ...«

Saars prüfender Blick geht immer wieder zum Himmel. „Wenn es jetzt regnet, dann ist das nicht schlimm", sagt er. „Im Gegenteil", ergänzt Thomas Eckert, der Wirt: „Was ihr Sauwetter nennt, das ist für uns Jäger ideal. Wenn es regnet, dann kommen nämlich die Wildschweine heraus."

Rückblende: Während das Trio im „Baseler Eck" auf das Essen wartet, setzt Saar die beiden Novizen über die Organisation des Jägerstandes ins Bild. Es gebe einen Ökologischen Jagdverband, und es gebe die Traditionalisten, die im Deutschen Jagdverband ihre Heimat haben.

G: „Zu welcher Richtung zählst du dich?"

„Zu den Traditionalisten", sagt Saar und nennt ein Beispiel: Unter Jägern tobe derzeit eine Debatte über bleifreie Munition. Das gute alte Blei hat die Eigenschaft, Spurenelemente im Wild zu hinterlassen – nicht gut für den Ruf, Wildbret sei das ökologisch sauberste und gesündeste Fleisch auf Erden. Allerdings sei, sagt Saar, bleifreie Munition nicht so zielgenau und durchschlagsstark wie die herkömmlichen Kugeln. Das Risiko, ein

Tier nur anzuschießen, steige deswegen. Jäger, die das Tierwohl ernst nehmen, müssten also alles so lassen, wie es ist – aber um den Verbrauchern zu willfahren, wird es wohl bald Aufkleber auf dem Wildbret geben: „Mit bleifreier Munition geschossen." Saar selbst bleibt der Tradition treu.

G, der jedwede Theorie gern ins Praktische lenkt: „Was kostet eigentlich so eine Jagdpacht im Jahr?"

Saar: „Für ein Revier mit Wildschweinen, Rehen und Hirschen, rund 600 Hektar groß und in der Nähe des Rhein-Main-Gebiets muss man mit 15.000 bis 20.000 Euro im Jahr rechnen. Dazu kommt der Unterhalt von Hochsitzen plus der Ersatz des Wildschadens, denn Jäger sind verpflichtet, den Bauern den Schaden auszugleichen, den Wild auf Feldern anrichtet. Da kommen noch einmal schnell 5.000 Euro zusammen."

G: „Wie wird man eigentlich Jäger?"

Saar: „Mein Vater ging schon zur Jagd, und von meinem zehnten Lebensjahr an begleitete ich ihn. Damals war die Jagdprüfung noch viel anspruchsvoller, allein der Vorbereitungskurs dauerte ein Jahr, immer samstags und sonntags. Dem schloss sich eine praktische, eine theoretische und eine mündliche Prüfung an. Heute gibt es Schulen, an denen man den Jagdschein in einem Drei-Wochen-Kurs machen kann."

Davon hält Saar nicht viel, immerhin ermöglicht der Jagdschein den Zugang zu Waffen, und Jäger hantieren ohne Aufsicht in dichtbevölkerten Gegenden mit Gewehren. „Wenn ein Jäger in einem Winkel von zwanzig Grad zum Horizont einen Schuss abfeuert, fliegt die Kugel fünftausend Meter weit und durchschlägt beim Herunterkommen immer noch zehn Zentimeter trockenes Fichtenholz." Da zucken die beiden Waidnovizen zusammen.

G: „Als dein Vater dich mitnahm, ging es da auf den Hochsitz oder zur Treibjagd?"

Saar: „Als erstes lernte ich, alleine im Wald zu sein und im Dunkeln wieder vom Hochsitz zum Auto zu kommen. Es gibt ja Menschen, die nachts im Wald Angst haben."

D: „Vor Jägern, zum Beispiel."

Saar: „Sagen wir mal so: Nachts auf allen vieren grunzend an einer Wildschwein-Kirrung entlangzuschleichen, das würde ich nicht empfehlen." Kirrung nennen Jäger einen Platz, an dem sie Getreide oder Mais auslegen und damit das Wild so kirre machen, dass es jede Vorsicht vergisst.

G, der voller Erinnerungen an früher steckt, entsinnt sich, dass er in jungen Jahren als Jagdgehilfe zu einer Treibjagd herangezogen wurde – von einem Onkel, der in der Familie „Der Rittmeister" hieß. Rituale wie das Verblasen der Strecke am Ende, die sogenannten Kessel, das Schießen mit Schrotflinten, all das steht noch vor seinem inneren Auge. Saar gibt zu erkennen, dass er kein großer Freund der Treibjagd ist – nicht nur, weil vor einiger Zeit ein Jäger bei einer Treibjagd in ein Maisfeld feuerte und statt des vermuteten Wildschweins ein Liebespaar erwischte. Nach seiner Erfahrung wird bei Treibjagden „zu schlecht geschossen", und das Fleisch gehetzter Tiere schmecke nicht so gut. Er sage Verfechtern der Treibjagd immer, sie sollten sich mal vorstellen, wie es sei, von zwölf Hunden durch den Wald gehetzt zu werden, einen Schuss ins Knie zu bekommen und trotzdem weiterzurennen. Außerdem bestätigt er G's Erinnerung, dass dabei „gesoffen wird, was das Zeug hält", und gruselt sich noch heute: „Die haben ihre Gewehre in der Wirtschaft einfach an den Haken gehängt!"

Dass „häufig den Treibern in den Arsch geschossen wird", wie G einfühlsam formuliert, kann Saar allerdings nicht bestätigen. Jagdunfälle kämen äußerst selten vor – G's Hinweis „Außer in Italien" widerspricht er jedoch nicht. Ehrenmann, der er ist, sagt er, er wolle andererseits auch nicht den „keuschen Josef" geben. Um Abschussvorgaben zu erfüllen und „große Strecken zu machen", seien Treibjagden bisweilen unumgänglich.

D: „Jagen heißt in Deutschland immer schießen? Oder zählen Fallenstellen oder Lassowerfen auch dazu?"

Saar: „Fallenjagd ist auch möglich, dazu braucht man eine Zusatzprüfung, oder auch die Jagd mit Beizvögeln, zum Beispiel mit Falken."

Sein eigenes Jagdverhalten beschreibt Saar so: „Ich schieße am liebsten Tiere, von denen zwei, drei Familien was zu essen haben. Ich sehe es nicht ein, einen armen kleinen Hasen totzuschießen. Wenn der abgezogen ist, fragt man sich: ‚Und was machen wir jetzt mit dem bisschen?'" Fleisch als Lebensmittel zu gewinnen, halte er für die eigentliche Legitimation der Jagd. „Und das dürfen wir auch, denn wir sind eine Spezies, die eben nicht nur von Gemüse oder Gras lebt. Deswegen ist es legitim, ein Tier zu töten und zu essen." Das steht im Übrigen im Einklang mit den Prinzipien des Ökologischen Jagdverbands Deutschland, der in seinen Leitlinien die „sinnvolle Verwertung (Fleisch, Fell)" als einen von mehreren „vernünftigen Gründen für die Bejagung" von Wildtieren aufführt.

Wie auf ein geheimes Zeichen tritt der Wirt an den Tisch: „Des Frankfurter Werschtsche!" Da fällt D ein drängendes lokales Problem ein: „Könnte man nicht endlich die Nilgänse schießen, die in Frankfurt alles vollscheißen?" Saar gibt zu bedenken, dass der Einsatz von Schusswaffen in einer Stadt, vorsichtig ausgedrückt, Probleme hervorrufen könnte. Andererseits sei das, was die Holländer machten, auch keine Lösung. Dort hätten, weil die Jagd gesellschaftlich geächtet sei, die Gänse dermaßen überhandgenommen, dass sie mit Netzen gefangen und vergast werden.

G begnügt sich nicht mit dem Argument, ein Jäger jage nur deshalb, weil er etwas zu essen haben wolle. Da müsse doch noch mehr sein. Saar: „Stimmt. Für mich hat das Sitzen auf dem Hochsitz etwas ungeheuer Meditatives. Ich erlebe die Natur so, wie sie schon war, als es noch gar keine Menschen gab. Wie die

Tiere unter sich leben. Das ist zugebenermaßen auch ein etwas voyeuristisches Vergnügen, es hat aber auch etwas sehr Intimes. Und plötzlich wird die Kontemplation durch hektische Handlungsnotwendigkeit gestört, wenn nämlich ein Wildschwein vorbeikommt."

Und was überwiegt: der Jagdinstinkt oder der Wunsch, in der Natur mit sich im Reinen zu sein?

Saar: „Ich würde nie ohne Gewehr auf den Hochsitz gehen. Mein Antrieb ist schon das Schießen, aber ich nehme eben alles andere auch wahr. Ich würde auch nie nur wegen des Bergsteigens einen Gipfel erklimmen, sondern immer wegen der Gamsjagd."

D: „Wer verwertet eigentlich das Fleisch?"

Saar: „Das Fleisch gehört immer dem, der das Jagdrevier hat, ich kann aber jederzeit kaufen, was ich geschossen habe."

G: „Wie sieht das Geschäftsmodell überhaupt aus?"

Saar: „Da gibt es unterschiedliche Systeme. Ich kann als Jäger für ein ganzes Jahr zahlen und bekomme dafür einen sogenannten Begehungsschein. Oder ich zahle, wenn ich auf die Jagd gehen und etwas schießen will. Übertragen auf ein Hotel: Du buchst ein Zimmer für ein Jahr und kannst kommen, so oft du willst, oder du zahlst immer dann, wenn du da bist."

Jetzt sind die drei also da, in Bad Soden-Salmünster. „Willkommen im hessischen Dschungel", sagt Saar während der Fahrt durch den Wald auf der Vogelsberg-Seite des Kinzigtals. „Ob wir heute Nacht ein Reh oder ein Wildschwein sehen, weiß ich nicht", dämpft er sogleich die waidmännischen Erwartungen der beiden Novizen. „Auf der Jagd kann man so gut wie nichts vorhersagen – eines ist allerdings sicher: Du musst wenigstens in den Wald gehen, um was zu schießen."

Nach einer Viertelstunde Fahrt sind sie am Ziel. „Da vorne stellen wir das Auto ab", gibt Saar die Richtung vor. „Ab dann bewegen wir uns ganz leise, die Autotür nicht zuschlagen, sondern sachte zudrücken. Und wir gehen hintereinander auf der Grasnarbe in der Mitte des Waldwegs." So müssen sich Indianer auf dem Kriegspfad bewegt haben. Das geht eine Weile gut, dann erwischt D mit der Fußspitze einen Stein. Das Geräusch, das während eines normalen Waldspaziergangs gar nicht aufgefallen wäre, hört sich jetzt an wie eine Gesteinslawine. Niemand sagt etwas, aber D spürt den Blick des hinter ihm gehenden G wie eine Schrotladung im Rücken ...

Am Hochsitz wird D mit Handzeichen als Erster vorgeschickt. „Wenn der es schafft, nicht von der vom Regen rutschigen Holzleiter zu fallen, schaffen wir es allemal", denken offenbar die beiden anderen. Bald sitzen die drei Oberschenkel an Oberschenkel auf der Bank. Der Blick geht geradeaus in eine Lichtung sowie links und rechts den Waldweg entlang. „Und wenn die Wildschweine von hinten durch den Wald kommen?", fragt D flüsternd. „Dann laufen sie unter dem Hochsitz durch", antwortet Saar. Den berechtigten Zusatz „Wer dumm fragt, kriegt eine dumme Antwort", schenkt er sich.

Unter den bangen Blicken von D und G, die allenfalls auf der Kirmes mal ein Gewehr in der Hand hatten, macht Saar seine doppelläufige Waffe klar. Was er flüsternd über die Munition erzählt, klingt für die beiden Zivilisten wie Kosmos: Die Patrone des Kalibers 8 × 57 IS sei unter dem Namen „Infanterie Spitz" die Standard-Gewehrmunition des deutschen Militärs während der beiden Weltkriege gewesen. Jäger bescheinigen der „Königin des Waldes" ein „sanftes Schussverhalten", was vom Standpunkt des Wildschweins aus gesehen Ansichtssache sein dürfte. D kommt plötzlich – er weiß nicht, warum – der Satz „Ein Schuss, ein Schrei, das war Karl May" in den Sinn, aber er spürt, wie unangemessen es wäre, diesen Geistesblitz jetzt auszusprechen, nicht nur wegen des Schweigegelübdes.

Drei Wochen zuvor, im „Baseler Eck", hatten die drei diesen Abend vorbesprochen. G: „Wenn du da oben auf deinem Schemel sitzt und ein Tier auf die Lichtung tritt, ist es schon vorgekommen, dass du es nur an- oder sogar vorbeigeschossen hast?"

Saar: „Ist vorgekommen. Sagen wir: von hundert Schüssen vielleicht drei oder vier, mehr nicht. Das liegt daran, dass ich erstens meine Grenzen kenne und mir zweitens immer vor Augen halte, dass es sich um ein lebendes Tier handelt. Da kann ich nicht einfach mal herumprobieren."

D: „Man hat nur einen Schuss?"

Saar: „Nach dem ersten Schuss ist der Markt sowieso verlaufen, dann rennt alles, was in der Nähe ist."

G: „Wohin zielst du?"

Saar: „Den Vorderlauf hoch bis ins Zentrum des Wildkörpers und quer bei der Hälfte. Dann zerstört die Kugel die Lunge, alle großen Adern und die Spitze des Herzens und selbst ein großes Tier ist innerhalb weniger Sekunden tot, weil der Blutkreislauf zusammenbricht. Du musst dir vorstellen, aus etwa hundert Metern Entfernung kommt die Kugel mit zweieinhalbfacher Schallgeschwindigkeit an. Das ist eine unglaubliche Wucht, deshalb sind diese Waffen ja so gefährlich. Ich muss genau wissen, wo die Kugel einschlägt und kann nachts nicht irgendwo hinschießen, wo kein Hintergrund da ist. Möglicherweise schleichen Leute durch den Wald und machen Geocaching!"

» Nirgends zeigt sich der Charakter eines Menschen besser, als wenn du ihn mit einer Waffe in die Natur entlässt. «

G: „Nun sind da sicher Kollegen am Start, die nicht deine hohe Trefferquote haben."

Saar: „Ich will es mal so ausdrücken: Nirgends zeigt sich der Charakter eines Menschen besser, als wenn du ihn mit einer Waffe in die Natur entlässt. Dann hat er nur noch die Zügel, die er sich selbst anlegt – und du siehst sehr schnell, was los ist. Und da erlebe ich leider immer wieder Leute, denen es an Sensibilität für das mangelt, was sie da tun, oder für die die Jagd reiner Schießsport ist. Ich verstehe schon, warum es so viele Jagdgegner gibt, viele Jäger sind sich ihrer Außenwirkung gar nicht bewusst – oder noch schlimmer: Es ist ihnen egal."

G, wieder ganz praktisch: „Irgendwann musst du dich mit der Verarbeitung des Fleisches beschäftigen.“

Saar: „Erst mal müssen die Innereien raus, im Sommer innerhalb einer Dreiviertelstunde nach dem Schuss. Man kann sie zwar für andere Tiere im Wald liegenlassen, in Sachsen machen sie das, ich halte es aber für unhygienisch, ein Tier auf dem Waldboden aufzubrechen. Deswegen kommt das Tier in die Wildkammer, wird an den Hinterläufen aufgehängt und erst mal kalt abgeduscht. Dann wird es von oben bis unten aufgeschnitten, die Innereien werden herausgenommen und es wird von innen mit kaltem Wasser ausgespült. Schließlich kommt es in die Kühlkammer, denn die Körpertemperatur muss möglichst schnell heruntergebracht werden, damit das Fleisch richtig reift und nicht sauer wird.“

D: „Ist man denn nachts um zwei mitten in der Pampa schnell genug in einer Kühlkammer“?

Saar: „Aber ja, da rufe ich den Jagdpächter an und der kommt mit einem Helfer.“

G: „Außer dem, was du beschreibst, hört man ja immer von bestimmten Ritualen. Da muss irgendwas durch den Schweiß gezogen werden ...“

Saar: „Das kommt alles von den Treibjagden, die sich aus den höfischen Parforce-Jagden entwickelt haben. Da gibt es zum Beispiel den Schützenbruch: Man bricht, nachdem man ein Tier geschossen hat, einen Zweig ab, zieht ihn durch den Schweiß und steckt ihn sich an den Jagdhut. Das hat den Sinn, dass nach der Jagd die Helfer sofort sahen, wer etwas geschossen hatte. Denen schloss man sich dann an und brach das erlegte Wild auf. In der Einzeljagd macht man das nicht, wäre ja lächerlich.“

Apropos lächerlich: In Abständen von weniger als fünf Minuten setzen D und G, als hätten sie nie etwas anderes gemacht, die Ferngläser an die Augen. Und obschon sie keinen Schimmer haben, was sie möglicherweise erspähen könnten, lassen sie mit langsamen Bewegungen, die sie für fachmännisch halten, ihre Blicke an den Rändern der Lichtung entlanggleiten. Sie sehen –

nichts. Falls Saar das ständige Auf- und Absetzen der Ferngläser belustigt, wahrscheinlich tut es das, dann gibt er es nicht zu erkennen, denn er ist ein feinsinniger Mensch. Umso erstaunlicher sind gelegentliche Äußerungen, die man, falls es diese rhetorische Figur gibt, als „im Plauderton vorgetragenen Killerinstinkt" titulieren könnte. Zum Beispiel, wenn er flüsternd die Wirkung der Munition beschreibt: Sie mache drei hintereinander stehenden Hirschen den Garaus, „aber wir wollen ja auch nicht bei ihnen anklopfen, wir wollen sie umbringen". Dazu lächelt er sein feines, abgrundtiefes Lächeln.

Nach gut einer Stunde beginnt D, der 450 Kilometer Radtour in den Beinen hat, auf der Bank hin und her zu rutschen. Ist ein Fahrradsattel der natürliche Feind des Männerhinterns, dann ist es ein hartes Holzbrett auf einem Hochsitz erst recht. Doch während D noch überlegt, wie er die nächsten Stunden sitzend überstehen will, überschlagen sich die Ereignisse.

21.10 Uhr: Ein Jogger nähert sich von links und trabt nach rechts ab. Den Blick auf den Waldweg gerichtet, in den Ohren Kopfhörer, bemerkt er die drei auf dem Hochsitz nicht.

» 21.40 Uhr: Der Jäger erlegt eine Mücke auf seinem Handrücken. «

21.25 Uhr: Ein Waschbär überquert den Weg. So lässig, wie er dahinschlendert, scheint er an diesem Abend nichts mehr vorzuhaben. Falls er bemerkt, dass Saar das Gewehr auf ihn anlegt, gibt er den Lässigen: Ich weiß doch, dass du mich nicht schießen darfst.

21.40 Uhr: Saar erlegt eine Mücke auf seinem Handrücken.

21.50 Uhr: In der Nähe tschilpt ein Vogel. Ansonsten ist es auffallend still im Wald. „Die Vögel haben ihr Brutgeschäft eingestellt, sie singen nicht mehr", flüstert Saar. D und G nicken.

21.55 Uhr: Für einen Augenblick taucht ein Blitz die Szenerie in fahles Licht.

22.05 Uhr: Dunkelheit senkt sich über den Forst, die Grüntöne des Waldes gehen in Grauschattierungen über. „Die richtige Jagd beginnt erst, wenn man keine Farben mehr sieht", hatte Saar auf der Fahrt zum Hochsitz gesagt. Jetzt ist es so weit. Zudem dreht der leichte Wind in die Richtung, die die drei brauchen, nämlich auf sie zu. D und G werden vom Jagdfieber erfasst.

Rehe und Wildschweine sind freilich wie vom Erdboden verschluckt. Gestern waren sie noch da, aber heute bleiben sie ums Verrecken in der Deckung. Wahrscheinlich haben sie den Braten gerochen, denn Wildschweine haben eine feine Witterung, Menschen erschnuppern sie auf 600 Meter zuverlässig. „Das Haar, das vom Haupt des Jägers fiel – der Widder hat's gesehen, der Hirsch hat es gehört, das Wildschwein hat's gerochen", wispert Saar.

Mit seinem Nachtsichtgerät kann er gefühlt bis Frankfurt schauen, aber auch Saar sieht nichts. Das vom amerikanischen Militär entwickelte Fernglas hülfe ihm zu erkennen, ob ein männliches oder ein weibliches Tier auf die Lichtung tritt, ob es Jungtiere dabei hat, ob er es schießen dürfte, ob er sich einen Schuss zutraute. Für so eine Entscheidung hat ein Jäger nach vier, fünf Stunden Warten vielleicht dreißig Sekunden Zeit. Und dann kann es sein, dass er die Waffe sinken lässt, denn es gibt einen Jagd-Comment, der selbst in der größten kanadischen Einöde eingehalten wird, wenn niemand zuschaut: kein Muttertier mit Jungen zu schießen, Schonzeiten einzuhalten, nur dann zu schießen, wenn man sicher ist, das Tier tödlich zu treffen.

Um 23 Uhr gibt Saar das Zeichen zum Aufbruch. „Vielleicht haben sie uns gerochen, vielleicht war's das Gewitter", meint er. Die paar hundert Meter zum Auto schreitet das Trio diesmal zügig. Der „Rabenhorst"-Wirt hält die beiden Novizen trotz ausgebliebenen Jagderfolgs einer Auszeichnung für würdig – oder er hat Mitleid mit ihnen, jedenfalls erscheint er mit zwei Trophäen. D bekommt ein Flachrelief, G eine Art Bonsai-Geweih. Während der Heimfahrt sinniert er halblaut darüber nach, wie er die Schaufel an seiner Stirn befestigt. D ist mit seinen Gedanken woanders. „400 Gramm für die Herrenportion“, murmelt er versonnen. Dann nickt er auf dem Beifahrersitz ein. Am nächsten Tag ruft Saar an: Die Wildschweine waren später in der Nacht noch auf der Lichtung.

GESPRÄCHSPARTNER

Joachim Saar, Jahrgang 1944, ist in der Familie vom Jagdfieber infiziert worden: Der Urgroßvater stellte schon dem Wild nach, und als Kind begleitete unser Jagdführer seinen Vater bereits auf die Pirsch. Der gebürtige Mainzer, der es im hessischen Staatsdienst bis zum Leitenden Regierungsdirektor brachte, hat auch als Beamter seine Leidenschaft wachgehalten: jeden Mittwoch, viermal im Monat, zog es ihn abends in den Wald. Jetzt, außer Dienst, könnte er seine Pensionärsfreiheit eigentlich hemmungslos ausleben – aber Saar ist nicht nur als Jäger, sondern auch als Ehemann ein rücksichtsvoller Zeitgenosse. „Die Jagd ist sozial schlecht verträglich“, sagt er – wenn andere schlafen, hält er Wache auf dem Hochsitz. Und weil nicht jeder die Jagdgeschichten goutiert, die ja auch mal erzählt werden müssen, hat Saar mit seiner Frau eine prächtige Vereinbarung getroffen: Eine Woche im Monat verabschiedet er sich ins Revier – der Rest der Zeit gehört dem Heim, der Kultur, den Reisen. Und häufig hat er ja bei seiner Rückkehr auch etwas Schmackhaftes zu essen dabei.

Dritter Gang

Flurgönder in brodo

Eine Fleisch-Safari nach Fulda, ins Reich der Zauber-Lämmer, der Edelküche und des Schwartemagens.

> „Demokratie ist, wenn sich zwei Wölfe und ein Schaf am Tag darüber unterhalten, was es am Abend zum Essen gibt."
>
> *Thomas Jefferson, US-Präsident und einer der Gründerväter der USA, 1743 bis 1826*

Auf der Autobahn A66 fliegt die Landschaft des Main-Kinzig-Kreises vorbei wie nichts, eine achtbare Ansammlung von Lagerhallen und Einkaufszentren, einem Sportflugplatz, einem Stausee und der Bahnlinie, die immer noch auf den Ausbau zur ICE-Trasse wartet. Die Überholspur ist von Mittelklassewagen besetzt, die mit ihrem MKK auf dem Nummernschild demonstrieren, dass sie hier Heimrecht genießen.

D und G fahren nach Osten, nach Fulda, das aus Frankfurter Sicht zur Zeit der DDR die letzte halbwegs zivilisierte Bastion vor der Zonengrenze abgab und äußerst schwer erreichbar war. Vor allem D wirkt etwas grüblerisch: Kann man dort, wo der urteilsschnelle Rhein-Main-Bewohner die schlimmsten kulinarischen Abgründe befürchtet, den Wonnen der fleischlichen Kost begegnen? Denn nichts Anderes führen die Herren im Schilde: Sie wollen sich gleich zu Beginn der aufreibenden Recherchearbeit für ihr Fleisch-Buch auf dem Gipfel des Geschmacks niederlassen. Kann man den in Fulda erklimmen? „Immerhin", sagt D, „ist die Stadt ja heute schnell zu erreichen."

Neuhof huscht zur Linken vorbei, dort leuchtet zahnpastaweiß der Monte Kali in der Nachmittagssonne. So nennen die Einwohner die Abraumhalde ihres Salzbergwerks; sonst leuchtet hier nichts. Gleich hinter dem Tunnel kann man die Minuten zählen, bis es abgeht nach Fulda, in diese eigenwillige Stadt. „Das Vonderau-Museum", klärt uns eine Dame auf, „ist direkt gegenüber vom Karstadt." Da weiß man doch sogleich Bescheid über die Wertigkeiten im Osthessischen.

Das Museum beherbergt eine Ausstellung mit dem programmatischen Titel „Von Pfeffersäcken und Hungerleidern". D und G sind übereingekommen, sich intellektuell auf die erhofften Fleischgenüsse einstimmen zu lassen. Kurz darauf sind alle Zweifel ausgeräumt, ob denn Fulda zum Einstieg ins Fleischparadies taugen kann. Ein überaus wohlgelauntes Paar – Frank Verse, amtlich bestellter Stadt- und Kreisarchäologe, und seine Frau Cornelia Halm, beide Kuratoren der Ausstellung – eröffnen den Blick auf eine bizarre Genusswelt. „Gibt's ja gar nicht", ereifert sich D, „Singvogel-Suppe. Die haben wirklich Singvogel-Suppe vertilgt." Herr Verse weiß: „Am schmackhaftesten waren

Aus der Frühzeit der Lebensmittelskandale

die Lerchen." Da durchzuckt es den halbwegs gebildeten Mitteleuropäer. Hatte nicht sogar Shakespeare die unvergleichliche Stimmgewalt des kleinen Sperlingsvogels gepriesen („Es war die Nachtigall und nicht die Lerche")?

Darum scherten sich die feineren Leute des Mittelalters hierzulande in keiner Weise, für sie war der Sangeskünstler mit der lieblichen Stimme einfach nur ein schmackhafter Suppenvogel. Wenn unsere Eltern das gewusst hätten – ob sie dann noch so enthusiastisch zum Italien-Boykott aufgerufen hätten mit Autoaufklebern wie diesem: „Kein Urlaubsort wo Vogelmord"? An einer Stellwand im Museum findet sich ein Auszug aus dem „Frauenzimmer-Lexicon", das Gottlieb Siegmund Corvinus 1715 verfasst hat. Da geht es einer anderen Piepmatz-Art ans Gefieder, den Meisen: „Sie werden manches Jahr in grosser Menge gefangen, aber auf vornehmen Taffeln nichts geachtet, dahero kommen sie gemeiniglich an den gemeinen Mann, zu dem Ende sie auch Lonicerus nennet eine Speise des armen Volcks." Adam Lonicerus, Botaniker und Naturforscher, war Professor in Marburg und Stadtarzt in Frankfurt, wo er 1586 starb. D und G begreifen bei diesem Ausstellungsrundgang, dass der Blick in vergangene Fleischwelten nicht nur Erbauliches ans Licht fördern wird.

Szenenwechsel. D und G sitzen, keine zwei Stunden später, im Empfangsraum des Goldenen Karpfens, an einem Tisch, der den beiden Chefinnen als Kommandostand und Beobachtungsposten dient. Man sieht jeden, der kommt und geht. Und man hat freien Blick auf dieses Refugium, das von Geschmack und Sammelleidenschaft zeugt. Ein britisch anmutendes Ambiente. Der Tisch üppig eingedeckt mit schwerem Porzellan und noch schwererem Silber. In jeder Ecke dieses Raumes haken die Augen sich fest. Die Flaschengalerie auf dem Kaminsims. Das Defilee der Gäste. Die Tische in diesem Foyer, mit stilvollem Nippes und freundlichen Fundstücken drapiert. Man fühlt sich zu Hause, und an einigen Stellen wird die Hotelhalle auch zur Boutique. Krawatten. Honig. Wurstdosen. Bücher. Pudelhohe Schafe aus Holz und echter Wolle. D sitzt kerzengerade, aber keinesfalls unentspannt auf seinem hochlehnigen Stuhl und studiert die Szenerie, G versinkt in einem roten, mit Kissen gepflasterten Samtsofa. Von der Rückwand blicken die grell geschminkten Grazien des Gemäldes „Die Diven" auf die Männer und ihre Gastgeberinnen; der in Fulda geborene deutsch-amerikanische Künstler Oliver Estavillo hat das Bild gemalt.

Renate und Maria Tünsmeyer haben das „Romantik-Hotel Goldener Karpfen" samt angeschlossenem Restaurant zu beachtlichem Ruf geführt. Für diese Zusammenkunft haben sie sich bereit erklärt, die beiden Fleisch-Abenteurer mit Kostproben aus ihrer Küche auf das Thema einzustimmen. Ein Tonband wird in Stellung gebracht, um die Belehrungen der Damen und die Lebensäußerungen der Männer aufzuzeichnen. Die Herren sitzen kaum, da gluckst ihnen schon der Weißwein in die Gläser, ein Chardonnay, von dem die beiden kaum genug kriegen können. Und schon stehen auch die ersten Teller auf dem Tisch.

Renate Tünsmeyer: „Das ist eine kleine Fleischvariation, und zwar ein geräuchertes Wachtelbrüstchen, dann ein Carpaccio, ein Pollo Tonnato. Und eine kleine Rhöner Wurstkombination, mit einem Rhöner Schinken, von einem fröhlichen Schwein. Der Schinken wurde in Frankenheim getrocknet und geräuchert. In Frankenheim wehen nach den Feststellungen eines einstigen DDR-Wetterkundlers die besten Winde dafür."

Das thüringische Frankenheim, lesen wir später, ist der höchstgelegene Ort der Rhön. Hier werden Bio-Würste und Schinkenspezialitäten in einem Naturreifeverfahren hergestellt, für das das berüchtigte raue Rhön-Klima eine zentrale Bedeutung hat.

G: „Was trinkt man dazu am besten?"

Renate: „Am besten einen Weißwein, der nicht zu viel Säure hat, zum Beispiel einen guten Chardonnay oder einen Weißburgunder. Keinesfalls einen Riesling. Ein Wein mit einer angenehmen Süße passt auch – die Wurst hat ja auch etwas eher Liebliches."

Frau Renate entschwebt.

D: „Ich weiß jetzt schon, hier sind wir gut aufgehoben."

G: „Ja. Lass uns einfach reinhauen."

Renate (zurück am Tisch): „Ich habe jetzt hier mal einen lieblichen Pfälzer. Und einen feinherben Riesling, den Prinz von Hessen. Einfach probieren. Es gibt kein Dogma."

G: „Man isst ja nach einer gewissen Choreographie ..."

D: „Ja, klar, das Deftige zum Schluss. Damit der feinere Geschmack nicht überlagert wird."

Maria Tünsmeyer: „Ich hole gerne einen Wodka zum Neutralisieren."

G: „Bitte noch nicht. Erbarmen!"

D: „Schmeckt großartig."

Renate: „Eine harte Mettwurst. Ein Stück Schwartemagen, leicht angeräuchert. Leberwurst, Blutwurst. Fulda ist ja bekannt für seine Wurstspezialitäten."

Dann schwärmt die Hoteliersfrau vom „Flurgönder", dem Schwartemagen als warmem Mahl, das im Fuldaer Land an den Prozessionstagen Christi Himmelfahrt und Fronleichnam in vielen traditionellen Gaststätten bereitet wird. „In gaal Brüh", unter Zugabe von safrangelb gefärbter Brühe, wird der Schwartemagen in zentimeterdicken Scheiben zusammen mit breiten Bandnudeln mählich erhitzt. Es trifft sich gut, dass an einem der beiden Feiertage – Christi Himmelfahrt – auch der Vatertag feierlich begangen wird, an dem der Verdauungstrakt der Männer traditionell einer robusten Prüfung unterzogen wird. Die Schwartemagen-Suppe, deren wesentlicher Inhalt ein aus Schweinekopf, Schweineschulter, manchmal auch Kalb und Rind in eine Schwarte gepressten Fleischklumpen besteht, ist dem Männergeschmack besonders zuträglich. „Mit zwei, drei Schnäpsen kann man das sehr gut bewältigen," versichert Renate Tünsmeyer. „Das wird nicht reichen", greift ihre Schwester Maria ein.

Renate: „Manche nehmen statt des teuren Safrans Kurkuma für die Brühe – dadurch wird sie ja auch gelb. Und der Gelbwurz ist bekanntlich sehr verdauungsfördernd, was bei diesem Gericht nicht schaden kann. Der Flurgönder ist im Grunde die Fuldaer Version von Tortellini in brodo."

Die beiden Herren blicken betroffen auf den Tisch; innerlich bitten sie das Mittelmeervolk um Nachsicht für so viel mitreißende Lokalbegeisterung. Flurgönder in brodo …

G: „Was hat dir jetzt am besten geschmeckt?"

D: „Eigentlich das Deftige. Die Wurscht."

G an Maria: „Isst du viel Fleisch?"

Maria: „Was mir am Steak am besten gefällt, sind die Beilagen. Ich esse nicht übermäßig viel Fleisch, aber nicht aus irgendwelchen Überzeugungen. Hat sich einfach so ergeben."

G: „Hat der Fleischkonsum in eurem Restaurant während der letzten Jahre nachgelassen?"

Maria: „Es gibt heute kaum noch Familienfeiern, bei denen nicht irgendwer dabei ist, der vegetarisch oder vegan essen möchte. Meistens sind das jüngere Mädchen. Das gab es früher nicht. Das ist halt derzeit Mode. Aber insgesamt muss man doch sagen, dass auch ein Restaurant sich immer weiterentwickelt, der Geschmack hat sich ständig verfeinert. Wenn ich nur daran denke, was wir früher getrunken haben. Edelzwicker …"

D mit verträumter Stimme: „Ach ja, der Edelzwicker!"

Maria: „Und was haben wir früher den Hammelburger zu uns genommen …"

G: „Hektoliter! Ein harter Tropfen."

Das Gespräch erlischt ruckartig, zwei frische Teller werden angelandet. Die Herren blicken auf das, was sie sehen; es ist nicht viel. „Soll ich eine Lupe holen", spottet Maria Tünsmeyer. „French Cuisine", weiß G. „Wunderschön angerichtet", sagt der immer um Friedfertigkeit bemühte D. Renate Tünsmeyer erläutert: „Das ist Tafelspitz mit einer Meerrettichsoße und einer Pellkartoffel."

G: „Könnt ihr uns was Fachliches dazu sagen?" Dann lacht er: „Guck mal, wie die beiden Damen sich synchron an die Hüfte fassen!"

Renate: „Ja, Tafelspitz, das ist ein Stück aus der Hüfte, schon in Richtung Schwanz, das Fleisch ist besonders zart, ein spitz zulaufendes Stück aus der Keule. Gepriesen seien die Österreicher für ihren Tafelspitz. Nicht zu verachten ist auch Tafelspitz vom Kalb!"

Die beiden Männer beugen sich über die köstlich angerichtete Fleischminiatur. Beide drängt es zu derselben Frage: Wie wird dieses Fleisch so unschlagbar zart?

Maria: „Das wird ganz vorsichtig und sehr lange auf kleinster Flamme gesimmert, unter Zugabe von allerlei Wurzelgemüse. Auch die dabei entstehende Brühe ist eine Köstlichkeit."

G: „Das schmeckt wunderbar."

D: „Zergeht auf der Zunge."

G: „Wenn wir mit der Mahlzeit durch sind, fangen wir von vorne an."

Die Maßlosigkeit kommt bekanntlich beim Essen – wenngleich mit den beiden Hotel-Schwestern (jedenfalls für feststoffliche Nahrungsmittel) Kleinstportionen verabredet waren, um bei diesem kulinarischen Adventure-Trip möglichst viele Eindrücke sammeln zu können. Die beiden Tünsmeyers, mit denen G schon seit Jahren vertraut ist, sind dafür die bestmöglichen Gastgeber. Sie überschütten die wissbegierigen Herren mit Informationen jedweder Art, als ob die nicht schon im Museum ihren Teil abbekommen hätten. Dabei ist auch der anfänglich zögerliche D längst bekehrt: Ja, Fulda ist nicht nur besonders katholisch, besonders christdemokratisch und besonders barock, sondern auch ein Gnadenort für leibliche Genüsse.

Das hatte er freilich schon beim Museumsrundgang begriffen – hier, in diesem Zentrum des katholischen Lebens, steht man auch aus Feinschmeckersicht gewissermaßen auf geweihtem Boden: Das älteste Kochbuch der Welt, das „De re coquinaria", war in einer karolingischen Handschrift aus dem 9. Jahrhundert im Besitz des Klosters Fulda. Diese Kulinar-Bibel – ein zweites Exemplar beherbergt die Bibliothek des Vatikans – wurde längst von der New Yorker Academy of Medicine aufgekauft. So kann man in Fulda leider nicht mehr nachlesen, was dem römischen Schwerenöter Marcus Gavius Apicius, ein Zeitgenosse des Kaisers Tiberius, und seinen Mit-Autoren an gastronomischen Exzessen in den Sinn kam: Flamingozungen speiste er für sein Leben gern, Schweine wurden mit getrockneten Feigen gemästet, damit ihre Leber von einzigartig süßem Geschmack war. Kurz vorm Schlachten wurde ihnen zudem Wein eingeflößt – alles nur der Leber zuliebe. Den Glühwein soll er erfunden haben und empfahl zu dessen Veredelung Honig, Lorbeer, Koriander und Thymian.

In seiner Rezeptsammlung finden sich Tipps für gefüllte Haselmäuse (mit einer Füllung aus Schweinefaschiertem, Pfeffer und Pinienkernen), für die mit Selleriesamen, getrockneter Minze und Honig gewürzte Gebärmutter von Jungsauen – aber auch der Vorschlag, jede Art von Vögeln „mit dem Gefieder zu kochen", damit sie „nicht zu weich werden". Zuvor sollen sie „durch die Gurgel" oder „von hinten" von ihren Innereien befreit werden.

In der Fuldaer Ausstellung findet sich auch eine Rezeptur für die Zubereitung von Schweineeuter: „Koche das Euter, stecke es mit Rohrstäbchen zusammen, bestreue es mit Salz und gib es in den Ofen oder auf einen Grill. Grille es an. Stoße Pfeffer, Liebstöckel, Liquamen und schmecke es mit unvermischtem Wein und Passum ab, binde mit Stärkemehl und übergieße das Euter damit." Die Gourmetexzesse des Römers schmeckten nicht jedem. Der sauertöpfische Plinius beschrieb Apicius als „größten Verschwender und Prasser", Seneca hingegen würdigte, er habe

„die Wissenschaft der Kochkunst zum Beruf gemacht und unser Zeitalter mit seiner Lehre angesteckt!"

Ja, die alten Römer, mag man denken, denen war halt nichts Dekadentes fremd. Zu einer solchen Anmerkung wiegt der Kurator Verse nur wissend den Kopf, Frau Halm verweist gut gelaunt auf die unzähligen Fundstücke aus deutschen Kochbüchern. Einer der frühen Helden der deutschen Kochbuchliteratur war Marx Rumpolt, „Mundkoch" des Mainzer Kurfürsten Daniel Brendel von Homburg. Während die meisten Menschen seiner Zeit sich Tag für Tag von Hirse- und Haferbrei sowie fettarmen Brühen aus Erbsen und Linsen ernährten und von Fleisch und „Herrenspeisen" nur träumen konnten, tischte Rumpolt anno 1581 in seinem „New Kochbuch", dem ersten Lehrbuch für angehende Köche, auf, was die fürstliche Küche zu bieten hatte. In seinem Eintopf mit dem schönen Namen Hollopotrida versammelte er 90 Zutaten, darunter, so zählt Frau Cornelia Halm auf, „Rückgrat, Ohren, Füße und Schwanz vom Schwein, Kuheuter, Hirschohren sowie Lämmer- und Ochsenfüße. Tatsächlich war die fast vollständige Verwertung eines Tieres noch bis ins 20. Jahrhundert üblich." Und wenn es mal etwas fürstlicher zugehen sollte, gab es vielleicht eine mit dem Weiß von Augen überbackene Semmel vorneweg, „ein köstlich und herrlich Essen", wie Rumpolt schwärmte. Der Herr Mundkoch brachte Strauße, Wildpferde, Adler, Eichhörnchen und Murmeltiere auf den Tisch und glänzte auch schon mal mit besonderer Raffinesse, indem er einer trächtigen Häsin die ungeborenen Jungen entnahm, „briet sie extra und stopfte sie vor dem Anrichten der ebenfalls gebratenen Mutter wieder in den Leib." Wer will sich da noch über römische Völlerei ereifern?

Höchste Zeit, wieder in die verträglichere Restauration des Karpfens zurückzukehren. Das Gespräch rotiert durch die Genusswelten, auf dem Aufzeichnungsgerät verhaken sich Stimmengewirr, Gläserklirren, das sanfte Schaben von Besteck auf Porzellan mit der übrigen Geräuschkulisse des Hotels zu einem einzigartigen Knäuel. D tut sich hervor mit seinem schier unstillbaren Wissenshunger. „Es gibt ja Fleischgerichte mit klangvollem Namen", äußert er unvermittelt, „Boeuf Stroganoff oder Tournedos Rossini. Wird das noch verlangt heutzutage?"

Maria: „Ja, natürlich, diese klassischen Gerichte werden immer mal nachgefragt."

Renate: „Wir bieten das auch von Zeit zu Zeit eigens an, zum Beispiel diese Tournedos Rossini, die sehr gern genommen werden ..."

Die mit Cognac flambierten und in Madeira geschwenkten raffinierten Rinderfilets, die im Original mit Trüffelscheiben überhäuft werden, sollen tatsächlich eine Erfindung des unermüdlichen Opern-Komponisten sein, der nebenher – in seinem späteren Leben sogar hauptsächlich – ein leidenschaftlicher Kompositeur kulinarischer Kostbarkeiten war. Gioachino Rossini, den mancher Unbedarfte inzwischen mit dem allgegenwärtigen Fernsehkoch Rosin verwechselt, hat den Feinschmeckern ein prachtvolles Credo hinterlassen: „Essen und Lieben, Singen und Verdauen, das sind im wahrsten Sinne des Wortes die vier Akte der Opera buffa, die man gemeinhin das Leben nennt – und das vergeht, wie der Schaum einer Champagnerflasche. Wer es dahinschwinden lässt, ohne es genossen zu haben, ist ein Erznarr."

D, der gelegentlich zu frankophiler Genusssucht neigt, erkundigt sich zwischendurch nach einer seiner Leibspeisen: „Wie ist es denn mit Gänsestopfleber? Wird die auch noch bestellt?"

Tünsmeyer: „Da gibt es ja Liebhaber. Sie auch?"

D: „Jaaaa!"

Maria: „Pfui Teufel!"

G kriegt sich nicht mehr ein vor Lachen.

Maria: „Gänsestopfleber kommt ja inzwischen auch aus Ungarn."

G: „Den Ungarn graut's vor nichts."

Maria: „Eine gute Gänsestopfleber ist ja von unvergleichlicher Zartheit …"

D: „Wohl wahr!"

G will davon anscheinend nichts mehr hören und wechselt abrupt das Thema: „Wenn wir schon beim Federvieh sind, möchte ich gern noch ein Geschichtchen beisteuern."

D großzügig: „Ja bitte!"

G: „In der Toskana hat es mich vor vielen Jahren einmal dank des alten Restaurantführers Veronelli in eine Fernfahrerkneipe verschlagen. Dort war man auf Touristen nicht eingestellt. Handgeschriebene Speisekarte, die Mamsell sprach nur Italienisch, die zahlreichen Gäste, zumeist kräftige Kerle, desgleichen. Auf der schwer leserlichen Karte weckte etwas meine Aufmerksamkeit, das mir entfernt bekannt vorkam: Piccione. Ich fragte die Mamsell, die lachte und zuckte mit den Schultern. Dann fragte sie die Gäste: ‚Wer kann dem Teutonen erklären, was Piccione sind?' Lautes Gelächter im Saal, es war wie eine Theateraufführung. Schließlich baute ein kleiner Kerl mit Gummischlappen sich vor mir auf, reckte die Arme seitwärts hoch und bewegte sie dann flatternd auf und nieder. Dazu sagte er: ‚Venezia, Piazza San Marco. Gugugugugu!' Ja, so einfach kann eine Übersetzung funktionieren. Ich habe die Taube übrigens bestellt. Hat geschmeckt."

Die Herrschaften am Tisch lachen gutmütig. D kehrt unerschütterlich zurück zur Gänsestopfleber. „Die ist ja ideologisch schwer in Verruf", sagt er.

G: „Das kann ich auch irgendwie nachvollziehen. Ich muss gestehen: Es schmeckt mir noch nicht mal. Aber ich weiß auch nicht, ob nicht das Wissen um die Entstehung der gestopften Leber mir den Appetit darauf verleidet."

D, etwas trotzig: „Man weiß ja auch nicht, ob der Hummer Schmerz empfindet, wenn er ins kochende Wasser geworfen wird. Genauso wenig wissen wir das von der Gans, die gestopft wird. Aber vielleicht redet man sich das auch nur schön …"

G: „Nach meiner Auffassung geht das zu weit. Bei allem Genuss, den wir an Tierprodukten empfinden, wollen wir ja nicht, dass Lebewesen leiden, oder?"

Die Gänsestopfleber ist eine schon von den alten Ägyptern gern verputzte Delikatesse, deren Herstellung freilich weltweit bei Tierschützern Würgreiz erzeugt. Dabei gilt die Foie Gras („Fette Leber") heute als unverzichtbarer Teil französischer Lebensart, 2005 hat die Nationalversammlung in Paris sie ausdrücklich zum Kulturerbe erklärt – dadurch steht sie gewissermaßen über den Tierschutzgesetzen, die es ja in Frankreich durchaus auch gibt. Die Stopflebern entstehen, indem die großen Vögel in den letzten Wochen ihres Lebens zwangsernährt werden – über ein Rohr wird den Tieren mehre Male pro Tag ein Futterbrei in den Magen gepumpt, der die üblicherweise 300 Gramm schwere Gänseleber zu einem bis zu zwei Kilo schweren Monstrum aufbläht.

D: „Ich verstehe natürlich, dass man der Foie Gras ablehnend gegenüberstehen kann. Ich komme ja vom Land, da hat man ein anderes, natürlicheres Verhältnis zum Essen – und zu den Tieren. Man möchte nicht, dass Tiere leiden, man behandelt sie gut. Aber man weiß auch: Irgendwann ist dieses niedliche Ferkel ein Schinken."

G: „Vor allem bei den Städtern verschwindet ja dieses Bewusstsein. Das haben ja unsere Ausstellungsführer auch sehr gut zeigen können, wie das Fleisch, das der Konsument heute kauft, immer mehr entfernt wird von seinem Ursprung. Wir begegnen dem Rind und dem Schwein nur noch filetiert oder geschnetzelt, durch den Wolf gedreht oder verpackt, jedenfalls aber bis zur Unkenntlichkeit verändert. Früher gab's die Hühner noch ungerupft."

D: „Oder noch lebendig, auf dem Markt."

G: „Man konnte das Huhn jedenfalls noch erkennen. Die Innereien waren noch dort, wo sie hingehören. Später lagen Herz, Leber und Magen nur noch in einem Extra-Plastikbeutel in dem Huhn."

D: „Das hat man fast vergessen. Ja, so war das. Und heute sind meistens gar keine Innereien mehr vorhanden. Und das Huhn wird außerdem häufig in seinen Einzelteilen angeboten. Man kauft die Brust, die Schenkel, die Flügel …"

G: „Das Tier ist nicht mehr erkennbar. Wenn du in Frankreich oder Italien in guten Märkten einkaufst, ist häufig der Kopf noch dran. Ich weiß noch, was ich kaufe – nicht nur, weil es auf dem Beipackzettel steht."

D: „Wir hatten früher zu Hause Stallhasen. Wir Kinder haben die gefüttert, und irgendwann an einem Sonntagmorgen hing einer davon abgezogen über der Badewanne."

Maria: „Und da konnten Sie auch noch dran?"

D: „Ich schon. Aber meine Schwestern hatten rotgeheulte Augen."

G: „Du bist aber auch ein Grobian."

D: „Für mich war immer klar, das ist die natürliche Ordnung der Dinge."

G: „Früher galt ja die Regel für heimische Nutztiere: Don't give it a name. Wenn du wusstest, das ist jetzt der Gustav, der hier auf dem Teller liegt – dann konnte sich schon eine gewisse Sentimentalität einstellen."

Passenderweise tritt ein Kellner an den Tisch. „So", sagt er, „da haben wir die Kalbsleber Berliner Art Piccolo – mit Apfelringen, gebräunten Zwiebeln, Balsamico-Soße, Kartoffelbrei.

D ist noch nicht ganz fertig mit seinem Tierverwertungsthema. „Es gibt ja jetzt auch wieder eine Bewegung, die Tiere in ihrer Ganzheit zu verzehren, from nose to tail …"

G: „Willst du die Schweineschnauze futtern?"

D: „Natürlich!"

G: „Da habe ich ja den Richtigen gefragt …"

Renate Tünsmeyer ist wieder am Tisch. Sie schwärmt von klassischen Gerichten jedweder Art, Holstein-Schnitzel und ähnlichen Genüssen – aber die beiden Herren sind momentan unabkömmlich: Sie widmen sich dem butterweichen Stück Kalb auf ihren

Tellern. „Phantastisch“, schnaubt der eine, „eine Offenbarung“ der andere. Maria Tünsmeyer erläutert: „Dafür kommen Gäste von weit her. Allerdings für die richtige Portion.“ D blickt auf sein leeres Glas und lobt: „Der Chardonnay passt zu allem!“ Schon ist das Glas wieder gefüllt. Die Herren sind verzückt, ihnen gehen langsam die Vokabeln für ihre Begeisterung aus. G doziert: „Es gibt da eine Ungerechtigkeit in dieser Speisefolge – kaum hat man etwas Großartiges auf der Zunge, vergisst man den vorhergegangenen Hochgenuss.“

»... Chardonnay passt immer ... «

Wie groß mag die Verwirrung der Sinne wohl gewesen sein, als die besseren Kreise im Mittelalter zur Mahlzeit baten? Die Tische bogen sich, jedenfalls bis ins späte 19. Jahrhundert, als sich die russische Serviermethode durchsetzte (ein Gang nach dem anderen wurde aus der Küche herbeigetragen). Zuvor regierte der Service a la française, alle Gerichte eines Ganges wurden gleichzeitig aufgetragen, Pastinaken häuften sich in Schüsseln neben Ohren, Füßen und Maul sowie Fleischansammlungen jedweder Art, das begehrte Hirn wurde gern dekorativ im Schädel serviert. Gespeist wurde mit den Fingern, unter Zuhilfenahme eines Tranchiermessers.

Genüsslich listet Cornelia Halm im Buch zur Ausstellung mittelalterliche Benimmregeln auf: „Knochen durften zwar nach wie vor unter den Tisch geworfen werden, jedoch möglichst nah bei den eigenen Füßen, um andere nicht zu verletzen. Und wenn der Löffel zum Einsatz kam, konnten die Mitspeisenden zumindest erwarten, dass man ihn abwischte, ehe man ihn erneut benutzte.“ Aufschlussreich ist, welche Arten schlechten Benehmens in einem Mittelalter-Knigge, wie ihn zum Beispiel der Theologe Erasmus von Rotterdam verfasste, ausdrücklich verboten wurden: „das Schmatzen, das Reden mit vollem Mund, das Reinigen der Zähne mit dem Messer und auch die Unart, sich am Kopf zu kratzen oder gar auf den Tisch zu spucken.“

Auf dem Tonband im Karpfen ist ein Geräusch zu vernehmen, das häufiger mal die Gespräche überlagert: Wein ergießt sich glucksend in die Gläser, jetzt ist es „ein Rotling", wie die Damen des Hauses erläutern. Leise werden neue Teller herbeigeschafft, darauf: Brust von der Barberie-Ente auf Thai-Gemüse.

D: „Haben wir eigentlich schon mal das Glas auf die Damen erhoben?"

G: „Upon the Ladies. Was trinken wir da jetzt eigentlich?"

Renate: „Der Rotling wird aus roten und weißen Trauben gemeinsam gekeltert, hat viel Restzucker und schmeckt beinahe fruchtsaftig. Ein perfekter, süffiger Sommerwein. Passt gut zu Fleisch und Käse."

Die Männer futtern versonnen vor sich hin. Die Barberie, natürlich auch ein Import aus Frankreich, stammt ursprünglich aus Südamerika und soll wie so vieles andere vom Weltentdecker Kolumbus nach Europa verschleppt worden sein. „Wahrscheinlich", mutmaßt Maria Tünsmeyer, „müssen die sich in Frankreich nicht übermäßig viel bewegen. Deshalb ist ihr Fleisch erheblich zarter als das von vielgereisten Flugenten." Überfallartig fragt G: „Kannst du eigentlich kochen?" Maria Tünsmeyer, ungerührt: „Ja, in der Gerüchteküche!" Da lachen die Männer und müssen erst mal wieder was trinken. „Doch, doch", setzt Frau Maria dann noch nach, „ich kann schon kochen. Wenn ich will!"

Abermals klirren die Gläser. „Wir fühlen uns sehr wohl hier", sagen die Männer im Duett. Frau Maria zitiert aus Goethes Faust (Auerbachs Keller): „Uns ist ganz kannibalisch wohl als wie fünfhundert Säuen." – „Stimmt", sagen die Männer. G registriert hellwach: „Die zweite Flasche ist soeben erfolgreich geleert worden." „Es geht weiter", sagt Renate Tünsmeyer – sie meint das Essen. Der Kellner naht. „Das Duo vom Lamm", annonciert er. „Habt ihr noch Messer?" fragt Frau Maria. „Brauchen Sie nicht zu diesem Lamm", sagt ihre Schwester.

Das Duo vom Lamm, ein erlesenes Lamm-Ragout und ein Cordon Bleu, von der Herbertsmühle in Hünfeld, einer „Milchschäferei", die auch auf Frankfurter Märkten Fleisch und andere Schafprodukte feilbietet – zum Beispiel an der Schillerstraße oder der Konstablerwache. Dazu drängt Frau Renate die Testesser zu einem Amalaya, Rotwein vom höchsten Berg in Argentinien, samtweich, als Begleiter zum Cordon Bleu. Die beiden Männer säuseln ihre Begeisterung über das doppelte Lamm derart einfühlsam, dass das Tonband kaum noch mitkommt.

Lammfleisch ist die Königsform der heimischen Küche, das Lamm gehört zur Rhön wie die kargen, waldarmen Kuppen, der wilde Wind, die Basaltfelsen, die irgendeine Macht in die Landschaft gespuckt hat. Wenn sich wochenends die Wanderer-Invasionen aus Frankfurt und Hanau in ihren frischgewichsten Leichtlaufstiefeln von Lowa oder Meindl über die ausgetretenen Pfade hermachen, sind die Schafe schon längst da. Sie stehen einfach in Horden herum, kauen, glotzen, von Zeit zu Zeit entfährt ihnen ein verwundertes Mäh. „Um ein tadelloses Mitglied einer Schafherde sein zu können, muss man vor allem ein Schaf sein", wusste Albert Einstein.

»Lammfleisch ist die Königsform der heimischen Küche, das Lamm gehört zur Rhön wie die kargen, waldarmen Kuppen, der wilde Wind, die Basaltfelsen.«

Um Mitglied einer Rhönschaf-Kohorte zu sein, braucht man schon ein bisschen mehr. Den charakteristischen schwarzen Kopf zum Beispiel. Die Ramsnase. Die gekräuselte weiß-gelbe Wolle. Das Fuldaer Hochstift notierte 1844 über diese älteste Nutztierrasse Deutschlands: „Das gewöhnliche Schaf des Rhönlandwirtes ist ein gemeines teutsches Schaf in einer eigenthümlichen Art, welches selbst im Ausland unter dem Namen ‚Rhönschaf' gekannt wird." Das Schwarzkopfschaf ist widerstandsfähig genug, die pfeifenden Stürme und berüchtigten Kälteeinbrüche der Rhön zu überstehen. Die Schafzüchter können sich zudem gar nicht genug darüber begeistern, dass seine harten Klauen das Premium-Schaf „wenig anfällig für die Moderhinke" machen. Und, bevor wir es vergessen: Wenn es erst der Kochkunst anheimgefallen ist, schmeckt es besonders gut.

In der zweiten Oktoberhälfte 1813 hatte der berühmteste Feldherr seiner Zeit, Napoleon Bonaparte, seine besten Jahre längst hinter sich. Seine einst ruhmreiche Armee hinkte von einer Niederlage zur nächsten, auf der Flucht Richtung Paris durchzogen sie auch die Rhön. Da soll Bonaparte für einen Moment noch einmal Trost gefunden haben – in der regionalen Küche: Im Dorfgasthaus „Schwarzer Adler" im thüringischen Buttlar soll ihm und seinen Offizieren Rhönschaf aufgetischt worden sein. Der Kaiser, der Tausende von Soldaten in den Tod geführt hatte, fand noch die Zeit, seine Begeisterung über die Köstlichkeit in einem drängenden Wunsch zum Ausdruck zu bringen: Wanderschäfer, so die Erzählung, mussten die schmackhaften Wollknäuel nach Paris schaffen. Dort hatte er zwar nicht mehr lange zu regieren, aber diese Schafe sollen noch gewissermaßen geadelt worden sein: „Mouton de la Reine", Königinnenschafe, wurden sie genannt. So jedenfalls will es der Stolz der Rhöner Schafzucht – bei der Rückübersetzung soll ein deutscher Dolmetscher geschludert haben, aus Reine wurde Rhön. Vielleicht war es aber auch umgekehrt?

Dem neuzeitlichen Feinschmecker kann das wurstegal sein. Schön, dass das Tier sein noch Mitte der 60er Jahre des vergangenen Jahrhunderts unmittelbar bevorstehendes Aussterben überlebt hat und sich heute wieder über die kargen Matten und Streuobstwiesen des Mittelgebirges hermacht. Das Fleisch von Rhönschafen gilt als zart, fettarm und feinfaserig, zudem, was Gichtkranke freuen wird, als purinarm. Das Rhönschaf hat einen feinen Wildgeschmack und kann sogar kalt verspeist werden, behaupten Kenner: „Es hammelt nicht."

Im Fuldaer Dom ist Bonifatius beerdigt, der „Apostel der Deutschen", ein Säulenheiliger der Kirche, der im päpstlichen Auftrag die Missionierung der vorwiegend heidnischen Germanen vorantrieb. Er hat auch das Fuldaer Kloster gegründet. Bonifatius lebte von 673 bis 754 oder 755 – und er musste vielfach die Erfahrung machen, dass die Germanen trotz Taufe von ihren Vorlieben nicht lassen wollten. „Wie in der Steinzeit", hat die Kuratorin Cornelia Halm notiert, „wurden im germanischen Raum weiterhin auch Pferde verzehrt. Als mythisches Göttertier galt das Pferd außerdem als passendes Opfer für Wotan." Bonifatius schwärzte die widerspenstigen Fleischesser beim Papst an – und der befahl daraufhin, „dem unreinen Treiben ein Ende zu bereiten und harte Strafen zu verhängen". Wer ab dem 10. Jahrhundert Pferdefleisch futterte, musste mit Kirchenbußen rechnen; dasselbe galt übrigens für Esel und Maultier. Cornelia Halm schreibt: „So riet Hildegard von Bingen vom Verzehr von Eselsfleisch ab, weil dieses Tier sich wegen seiner Dummheit nicht zur menschlichen Speise eigne."

Heute ist in Deutschland Pferdefleisch weitgehend aus der Mode gekommen. Einige Online-Versender, wenige Fleischer bieten es noch an. Kaum anzunehmen, dass das kirchliche Verdikt gegen heidnische Esskulturen dabei eine Rolle spielt; eher wohl, das man nicht aufessen will, was einem als treuer Begleiter zu Diensten war. In Fulda freilich gibt es eine der raren Adressen, wo diese Bedenken stolz und traditionsbewusst fortgewischt werden: im Bratwurst-Glöckle.

Der Mann, eine wuchtige Erscheinung, steht im Eingang seiner Gaststube, die gewaltige Fleischerschürze wird über dem Bauch mit einer Schnur fixiert. Er schaut den Fotografen an, der erfüllt seine Pflicht – und da haben wir ihn, eine Legende in Fulda: „Kern's Jakob", Anfang der 50er Jahre für die Nachwelt festgehalten, in Schwarzweiß, der Erfinder der „Fuldaer Pferdeklopse". In dem Gasthaus galoppiert das Pferd, allen kulinarischen Modeerscheinungen zum Trotz, noch immer über die Speisekarte. „Pferdefleisch ist gesund", ist da zu lesen: „Es ist fettarm, eiweißreich, enthält mehr Eisen, Kupfer und Vitamin A als andere Fleischsorten und vor allem weniger Kalorien."

Massentierhaltung, erläutern die listigen Pferdefleisch-Propheten, gibt es bei Stute und Hengst auch nicht – ein kleiner Seitenhieb gegen Hühnerbatterien und Schweinemastfabriken. Mögen auch Millionen von Reitern aufschreien vor Kummer: Bei den Nachfolgern von Kern's Jakob kommen die Delikatessen der Nachkriegszeit auch heute weiter auf den Tisch: Sauerbraten, Roulade, Filet, alles von Rössern aus der Region. Vor allem: „Der original Fuldaer Pferdeklops", zu dessen Verzehr es auch eine Bedienungsanleitung gibt. „Sie brechen das Brötchen in kleine Stücke und legen diese in die Soße um den Klops herum. Dann teilen Sie den Klops erst in der Mitte und essen schließlich abwechselnd ein Stück Brötchen und ein Stück Klops." Wer sich zum ersten Mal erfolgreich das gehackte Stück Pferd einverleibt hat, „darf nach vorne kommen und die Glocke läuten". Bald läutet sie anderswo: Die Traditionskneipe zieht um, die Betreiber annoncieren stilsicher: „Jetzt wird umgesattelt!"

Eine Kostprobe der Klopse hätte die Mägen der beiden Herren wohl überfordert. „Darf ich mal den Teller ablecken", fragt G. „Unbedingt", ermuntern ihn die Fuldaer Ladies. Die Herren und die Damen unterhalten sich über die passende Größe von Fleisch, Fuldaer Portionen sollen schon einen kräftigen Mann ernähren können. Draußen ist es dunkel geworden, die letzte Fleischlieferung wird serviert. Kein Gedanke, dass das hier eine unmäßige Völlerei sei.

„Sind ja wirklich kleine Kostproben", sagt D.

Renate: „Das ist jetzt eine Variation, die wieder sehr gut zum Weißwein passt. Kalbsfilet mit dem ersten deutschen Spargel."

Den Herren mundet es abermals, sie schweigen für einige Augenblicke. Mehr Lob bricht nun nicht mehr aus ihnen heraus, die Sättigung hat ihren Zenit erreicht und führt zu Schweigsamkeit.

Trotz der Probierportionen fühlen sich die Herren pappsatt. „Was für eine Schlemmerei", sagt D, „große Momente". G nickt ergriffen. Wie soll man so etwas festhalten? Auf dem Tonband wohl kaum. Während D sich noch an mediterran anmutenden

Huldigungen an die geduldigen und aufopferungsvollen Gastgeberinnen versucht, drängt es G zu einem Gang ins Freie. „Wir brauchen noch eine Nachbetrachtung", insistiert er. D nickt verständnisvoll. Wenig später hocken die beiden in einer weitaus weniger gesellschaftsfähigen Gaststätte und laben sich an einem heimischen Bier. „Nachspülen", sagt einer. Nachspüren wollen sie wohl auch. Essen kann glücklich machen.

Fulda war wohl doch die richtige Wahl. Wie ist diese Stadt bloß zu dem geworden, was sie ist? Ein eigener Kosmos, zu allen wirklichen Großstädten (Kassel, Würzburg, Frankfurt) hält er wenigstens 100 Kilometer Distanz. Mit einem eigenen Bischof, einem eigenen Oberbürgermeister, der ältesten Kirche Deutschlands, dem größten Karnevalsumzug Hessens, einem kaum stillbaren Verlangen nach Genuss und direkt vor der Haustür einer der schönsten Landschaften weit und breit. Das eigene Bier heißt Hochstift, ein hochmütiger Name – wie klingt daneben schon Licher, Jever oder Warsteiner? Eine erkennbar reiche Stadt. Früher galt dieser Landstrich als Armenhaus Hessens, die Verköstigung war so karg wie die Landschaft; nicht wenige waren für Frankfurt so etwas wie die heutigen Rumänen: Tagelöhner. Im Frankfurter Schimpfwort-Kalender („Frankforter Kalenner vor Uzer un Schänner") werden die Fuldaer gleich dreimal bedacht. „Fulder" sind Menschen mit geistiger Minderbegabung. „Doppelfulder" wird genannt, wer als lupenreiner Doofmann gilt. Und dann gibt's noch den „Fulder Rucksack". Was in Frankfurt als Beschimpfung gedacht ist, nehmen die Osthessen freilich als Auszeichnung. Der gute Fuldaer wird, kaum sind die Domspitzen nicht mehr zu sehen, seinen Rucksack schon geöffnet und geleert haben. Der Eingeborene futtert halt für sein Leben gern.

Als nach dem Krieg die hochmütigen, aber ausgehungerten Frankfurter nach Osten pilgerten, zeigte sich, wie schlau ein Rhönbauer in Wahrheit sein kann. Viele ließen sich Würste, Brot, Milch und Mehl von den Städtern sündhaft teuer bezahlen: mit Schmuck, Silberzeug und anderen Kostbarkeiten. Es wird berichtet, mancher Landwirt habe in dieser Zeit seine Kuhställe mit echten Perserteppichen ausgelegt, eine Demonstration gegen den großstädtischen Übermut.

Als die DDR noch da war, lagen Fulda und sein Umland im Niemandsland des Zonenrandes. Damals gab es direkt an der Hochrhönstraße eine Pilgerstätte für die Einheimischen, einen Bratwurststand. Manchmal landete dort ein Hubschrauber der US-Army, der Parkplatz am „Dreiländereck" war immer überfüllt. Die Spezialität war eine Thüringer Bratwurst im Brötchen. Man aß diese Wurst mit Blick auf Thüringen, über die grausam breiten Grenzanlagen bis hinüber in das eingekesselte Dorf Birx. Für all jene, die damals dort waren, war das unzweifelhaft die köstlichste Wurst auf Erden – die mit dem Geschmack von Freiheit.

GESPRÄCHSPARTNER

Maria und **Renate Tünsmeyer** sind die Chefinnen des Romantik-Hotels „Goldener Karpfen" in Fulda. Die starken Schwestern haben es geschafft, dass sich viele prominente und weniger prominente Reisende in ihrem liebevoll ausgestatteten Haus heimischer als zu Hause fühlen. Das gilt auch für das hochgelobte Restaurant. Renate hat die Hotelfachschule in Lausanne absolviert, Maria steuert das betriebswirtschaftliche Know-how bei, erworben unter anderem im BWL-Studium und bei der Arbeit bei einem Frankfurter Wirtschaftsprüfer.

Cornelia Halm, Historikerin, und der Archäologe **Frank Verse,** Kuratoren der Ausstellung „Von Pfeffersäcken und Hungerleidern – Geschichte(n) übers Essen und Trinken" im Vonderau Museum Fulda. Frank Verse: „Das Woher hat mich immer schon mehr interessiert als das Wohin". Nach einem Studium der Ur- und Führgeschichte promovierte Verse in der Archäologie. Seit 2008 ist er Stadt- und Kreis-Archäologe in Fulda.

Vierter Gang

Am Tisch des Lächelns

Wir essen chinesisch. Eine Begegnung mit Stäbchen und Wok, Peking-Ente, Tofu und Konfuzius. Und mit Maotai!

> Es sollten niemals Messer auf dem Tisch liegen – das zeigt mangelnden Respekt gegenüber den Gästen.
> *Konfuzius*

An guten Ratschlägen und deutlichen Warnungen war kein Mangel vor diesem Termin. „Pass auf, welche Tierart da aus dem Backofen kommt", mahnte einer, der sich Freund nennt. Vor gebratenen Hunden, gerösteten Insekten, gesottenen Schlangen wurden die Autoren gewarnt – und vor Gewürzen, so scharf, dass die Zunge augenblicklich verdorrt. D und G waren also bestens

ausgerüstet mit einem Waffenlager voller Vorurteile. Wenn man sich dem chinesischen Generalkonsulat in Frankfurt nähert, mögen es zartere Seelen für einen Moment für denkbar halten, dass sich in dieser unnahbar erscheinenden Trutzburg aus Beton, Stahltoren und Kameras tatsächlich ein kulinarischer Höllenschlund auftut. Aber dann rollt das Gatter beiseite, am Gipfel einer beachtlich breiten Treppe tritt der Gastgeber ins Freie: Generalkonsul Shunqing Wang, noch kein Jahr Hausherr in der Stresemannallee, ist bereit. Und er lächelt.

Herr Wang führt D und G durch das Erdgeschoss seiner Residenz. Vor einem gewaltigen Wandbild aus Keramik bleiben sie einen Moment stehen: das farbstarke, 2,4 Tonnen schwere Werk zeigt auf 18 Metern Länge 56 verschiedene Sorten der chinesischen Pfingstrose. In China symbolisiert die Päonie Vornehmheit und Reichtum sowie Sanftmut. „Hier sind wir richtig", murmelt G. Noch ein paar Meter, da stehen sie endgültig mitten in China. Ein kleiner, vornehm dekorierter Raum, der von einem runden Tisch beherrscht wird. Darauf: schweres Silberbesteck, Stäbchen, Gläser, weißes Porzellan mit dem rot-goldenen Staatswappen am Rand. „Willkommen", sagt Herr Wang abermals. Das Lächeln wird sein Gesicht selten verlassen an diesem Abend. Die beiden Testesser setzen sich zaghaft, G packt das Tonband auf den Tisch. Es kann losgehen.

Die Stühle sind kaum in Stellung gebracht, da wird die Cloche gehoben. Zum Vorschein kommt ein Vorspeisenteller, eine aus Gemüse und Fleischhäppchen geschaffene blühende Landschaft. „Oh", sagt D: „das sieht ja aus wie ein Gedicht!" – „Ja, selbstverständlich", sagt Herr Wang, „so muss das sein bei uns. Das Essen soll nicht nur schmecken, es muss auch schön sein." G ignoriert das bereitgelegte Besteck und greift zu den Stäbchen. „Das muss ich jetzt mal probieren", sagt er entschlossen, „meine Töchter beherrschen das Essen mit Stöckchen, ich leider nicht. Können Sie mir helfen?" D blickt sorgenvoll, während G sich den Gebrauch erklären lässt. „Zwischen Zeigefinger und Daumen legen, so ...", demonstriert Herr Wang, „und den anderen darunter, zwischen Zeige- und Mittelfinger ..."

Aber G ist ein hoffnungsloser Fall, die eleganten Stäbchen zappeln hilflos in seiner rechten Hand, als hätte er dort ein komplettes Mikado-Sortiment zu jonglieren. Herr Wang versucht es noch einmal, äußerst geduldig, mit beruhigender, sonorer Stimme. „Das eine Stäbchen ist fest, das andere beweglich", steuert der weitgereiste D seinen Sachverstand bei. G klemmt ungelenk ein Fleischhäppchen zwischen die Stäbchen. „Ich kann nicht versprechen, dass ich das durchhalte", murmelt er, hochkonzentriert. Derweil analysiert D die Lage: „Voraussetzung ist ja, dass das Essen immer sehr klein geschnitten ist. Bei einem Schnitzel hätte man mit den Stäbchen wohl Probleme, oder?" Ja, die deutschen Herren denken in anderen Dimensionen. „In der chinesischen Küche wird alles vor der Zubereitung zerkleinert," klärt der Gastgeber die beiden Testesser auf. Jetzt weiß G auch wieder was: „Das chinesische Essen wird ja auch blitzschnell zubereitet, da wird nichts stundenlang gegart und zu Mus gekocht." Mancher Fachkundige beurteilt die China-Küche als die schnellste der Welt – es gibt Gerichte, für die die Garzeit nach Sekunden gemessen wird. An dieser Aufgabe würde manche teuer erstandene französische Küchenuhr schon versagen.

Wer die hohe Kunst der chinesischen Turbo-Küche bei sich daheim ausprobieren will, müsste konsequenterweise umrüsten: Während selbst der heißblütigste westliche Gasherd es auf maximal 3,6 kw Heizkraft bringt, leisten traditionelle Küchenöfen in China ohne Weiteres das Dreifache. Nur solch ein Küchen-Kraftwerk kann der „China-Pfanne", dem ursprünglich aus Gusseisen gefertigten halbkugelförmigen Wok, auf die notwendige Weise einheizen. Bei 300 Grad sind Fleisch und Gemüse schneller gar als der Koch umrühren kann – und trotzdem brennt nichts an: Bevor sich das fürs Anbrennen verantwortliche Eiweiß an den Wok-Boden kleben kann, ist es schon denaturiert. Auf den im Westen üblichen Ceran-Kochfeldern würde die originale Wok-

Kugel übrigens halt- und nutzlos herumschaukeln. Die flinke Wok-Kochkunst wurde aus der Not geboren – aus dem Mangel an Brennmaterial. Damals galt: Es kann gekocht werden, „solange ein Bündel Reisig brennt".

D: „Und weil China ein solch großes Land ist, gibt es auch die chinesische Küche gar nicht, sondern viele regionale Besonderheiten ..."

Herr Wang lacht verständnisvoll.

D: „Oder gibt es Gerichte, die es überall in diesem Riesenreich gibt?"

G: „Noch nicht einmal Reis, habe ich gelesen."

Herr Wang: „Das ist sehr schwer zu sagen. In China haben wir tatsächlich sehr viele unterschiedliche Küchen, jede Region hat ihre Besonderheiten."

D: „Kann man sagen, dass im Süden Chinas das Essen schärfer gewürzt wird als im Norden?"

Herr Wang: „Nein, das kann man so nicht sagen. Es gibt auch im Norden einige Provinzen, in denen scharfe Gewürze verwendet werden. Und es gibt auch im Süden Regionen, in denen auf Schärfe verzichtet wird. In Shanghai zum Beispiel sind viele Speisen eher süßlich, in Kanton werden weniger Gewürze verwendet. Und es gibt bestimmte Provinzen, in denen das Essen besonders scharf auf den Tisch kommt: in Sichuan zum Beispiel oder in Hunan."

» In manchen Regionen Chinas wird alles gegessen, was vier Beine hat und kein Tisch ist. «

G: „In dem Zusammenhang möchte ich einen Spruch zitieren: In manchen Regionen Chinas wird alles gegessen, was vier Beine hat und kein Tisch ist."

Gelächter am Tisch. D ergänzt: „Und alles, was fliegen kann und kein Flugzeug ist." Erneutes Gelächter.

Herr Wang: „Ja, so ist es, damit ist die Provinz Kanton gemeint. Ich weiß nicht, wieso – aber dort hat sich das so entwickelt. Es betrifft nur diese recht kleine Region ganz im Süden Chinas. Im übrigen China ist das nicht so."

Gelegentlich müssen wir das chinesische Verständnis von Größe ein wenig zurechtrücken. Das „kleine" Kanton (eigentlich Guangzhou) hat über elf Millionen Einwohner. Das sind natürlich wirklich nicht viele, gemessen an der chinesischen Gesamtbevölkerung: 1,37 Milliarden …

Es herrscht eine angenehme Atmosphäre in dieser Gaststube des Generalkonsulats. Die Herren sitzen um den würdig dekorierten Tisch: der Generalkonsul sowie D und G. Ein freundlicher Chinese trägt Speisen und Getränke herbei und serviert vornehm in weißen Handschuhen. Wir trinken einen samtweichen Riesling aus dem Württembergischen, G betätigt sich als Provokateur: „Ich bin vor unserem Treffen von China-Kennern ausdrücklich gewarnt worden: Lass dich bloß nicht mit Maotai abfüllen – ein teuflisches, Kopfschmerz garantierendes Getränk!" Herr Wang lässt sich von einer derartig undiplomatischen Attacke nicht aus der Ruhe bringen. „Wollen Sie mal probieren?", fragt er harmlos. „Auf jeden Fall", antworten D und G beinahe synchron. Kurz drauf umkreist der Herr mit den weißen Handschuhen den Tisch und füllt die Trinkgefäße, fingerhutkleine Gläschen, aus einer in dramatischem Rot-Weiß gestalteten Porzellanflasche. „Wissen Sie, wir Chinesen trinken zum Essen normalerweise keinen Wein, sondern Schnaps. Und ich denke, dass dieser Maotai tatsächlich der Beste ist."

Das klingt verwegen. D und G haben die Warnungen von China-Reisenden im Ohr. Mancher hat geraten, das angeblich so mörderische Getränk unauffällig in Blumentöpfe zu entsorgen; mancher chinesische Gastgeber, hat ein honoriger Vertreter der Frankfurter Stadtgesellschaft verraten, halte es genauso. Auf Wanted.de, einer von der Telekom betriebenen Lifestyle-Seite für Männer, warnt ein gewisser Frank Lansky vor dem „Höllenschnaps": „Nach dem Öffnen macht ein modriger Duft nach DDR-Laminat und alten Socken jede Flucht unmöglich. Im Mund breitet sich in den ersten Sekunden ein süßlich-schweres Aroma verfaulter Mirabellen aus – und dann ist Schluss, weil alle Geschmacksnerven abgetötet sind." Bevor der einstige amerikanische Präsident Richard Nixon im Februar 1972 bei einem Bankett in der Großen Halle des Volkes in Peking das Glas zum Salut an die Gastgeber hob, soll ihn sein Außenminister Henry Kissinger vor dem „tödlichen Gebräu" gewarnt haben. Es werde nur deshalb nicht als Flugbenzin benutzt, „weil es zu leicht entzündlich ist". Der CBS-Journalist Dan Rather hatte damals das Empfinden, er müsse „flüssige Rasierklingen" trinken.

Mag sein, dass die amerikanischen Geschmacksnerven vom Genuss des möglichst noch mit Cola verpanschten Bourbon-Whiskeys verweichlicht sind. Wer jemals schottischen Hochland-Whisky gekostet hat und hinterher zu kämpfen hatte, seine Mundhöhle vom Geschmack nach Torf und Teerpappe zu befreien, der wird im Maotai einem Schnaps von erstaunlicher Sanftheit begegnen. „Ganbei", sagt der Generalkonsul, und schon ergießt sich der raffiniert duftende China-Brand in einem Schluck über die Zunge. „Leert den Becher", bedeutet dieses „Ganbei" auf Deutsch – auch eine schöne Art, Prost zu sagen. Das Gebräu ist hell, leicht gelblich, von feiner Geschmacksvielfalt. „Herrlich", sagt D. Kaum stehen die Miniaturgläschen wieder auf dem Tisch, da sind sie erneut gefüllt. Am Ende des Abends werden die kundigen Testesser feststellen, dass sie zwar viele Schnäpse getrunken haben, aber wenig Schnaps: Die winzigen Trinkgefäße sollten auch vor dem strengsten Hausarzt Gnade finden. „Das Wasser in Maotai", erläutert der Generalkonsul, „spielt eine entscheidende Rolle, um diesen Schnaps so einzigartig zu machen."

Der Maotai ist ein aus roter Hirse und Weizen gebrannter Schnaps, ein hochgepriesenes Getränk: Schon der in der Han-Dynastie regierende Kaiser Wu soll ihn im Jahr 135 vor Christus wegen seiner Süße gewürdigt haben. Auf der „Panama Ten Thousand Nations Expo" wurde dem Maotai bereits 1915 und erneut 1996 eine Goldmedaille verliehen. Wie kann man aus Hirse und Weizen eine derartige Delikatesse destillieren? Der Produktionsvorgang dauert fünf Jahre, zweimal wird dem Gemisch rohes Getreide zugefügt, achtmal fermentiert der Sud, neun Destillationen muss er über sich ergehen lassen, bis er drei Jahre lang vor sich hin reift und uns dann in seiner mildesten Form mit 53 Volumenprozenten Alkohol begegnet. Die Halbliterflasche Maotai wird übrigens vom Alles-Verkäufer Amazon für 129 Euro angeboten; zum Zeitpunkt der Recherche waren noch sechs Flaschen auf Lager.

Maotai entsteht in dem gleichnamigen Bergstädtchen im Südwesten Chinas, das besondere Klima des dortigen Flusstals soll ihm zusammen mit dem Wasser und dem Getreide seine feine Kraft geben. Die traditionelle Porzellanflasche steht als Denkmal auf einer Bergkuppe über dem Ort, ein 31 Meter hohes Monument für den Trinkgenuss.

„Verschiedene Regimenter der roten Armee erreichten abermals Jingling (heute Nanjing), die Soldaten und Offiziere tranken

Trumps Personalpolitik – geht das gut?

Maotai und wuschen ihre Füße nach dem zehntausend li langen Marsch. Aus tiefer Dankbarkeit für die Liebesabenteuer, niedergeschrieben in Gedichten und Erzählungen, trinke ein Glas Schnaps, sobald der Schnee das Delta des Yangtse bedeckt." Geradezu zärtlich hat Chen Yi (Armeeführer der chinesischen Armee unter Mao Tse Tung, Bürgermeister von Shanghai, Außenminister) den Schnaps der Schnäpse angesäuselt. Die von dem Dichtergeneral beschriebene Fußwaschung der Soldaten hatte übrigens praktische Gründe: Der Maotai schmeckte nicht nur damals schon gut, er hatte auch desinfizierende Wirkung.

Die Herren wenden sich dem Vorspeisenteller zu. G hat die Stäbchen diskret beiseitegelegt und ist nun mit Messer und Gabel bewehrt. Unter einer kunstvoll aus Gemüsestreifen und Fruchtkernen gestalteten Palme versammeln sich Fleischstreifen von Ente, Rind und Lamm neben fleischlosen Häppchen, allesamt zurückhaltend gewürzt. Auch der aus weißen Sojabohnen hergestellte Bohnenquark Tofu, eine chinesische Delikatesse, die zur wichtigsten Sättigungsbeilage westlicher Vegetarier aufgestiegen ist, wird von den Fleischessern D und G mit Wohlgefallen verputzt.

G: „In Deutschland sagt jeder zweite Mann, am besten habe immer geschmeckt, was die Mutter zubereitet hat. Ist das in China auch so?"

Herr Wang: „Das ist überall so. Die Mutter und auch die Großmutter – was die gekocht haben, war immer am besten."

G: „Haben Sie ein absolutes Lieblingsgericht?"

Herr Wang: „Ja. Ich bin in Peking aufgewachsen, und was ich am allerliebsten mag, ist Peking-Ente. Haben Sie das schon einmal probiert?"

G: „Ja."

Herr Wang: „In Peking?"

G: „Nein, hier in Deutschland."

Herr Wang: „Ah ja. Hat es Ihnen geschmeckt? Kann man das hier essen?"

Die Herren lachen. Man ahnt, was der Generalkonsul meint.

Die Peking-Ente gilt allgemein als der Gipfelpunkt der chinesischen Küche. Wer hat sie erfunden? Die Antwort auf diese Frage ist nicht wirklich eindeutig zu ermitteln. An gerösteter Ente jedenfalls fanden die Kaiserlichen in China schon früh Geschmack. Ein gewisser Oj Li, Inspekteur der kaiserlichen Küche, nahm 1330 „Shaoyazi", eine Urform der Peking-Ente, in sein Rezept-Handbuch auf. In der Ming-Dynastie, nach chinesischem Verständnis gar nicht mal so lange her (1368 bis 1644), erhielt der adlige Vogel seinen Feinschliff und wurde zum Dauerbrenner der kaiserlichen Tafelfreuden. 1416 bereits eröffnete in Peking das Restaurant Bianyifang, spezialisiert auf die Ente der Kaiserlichen. Das Restaurant gibt es heute noch. Reineweg narrisch nach der Duck de luxe scheint Cixi, die Mutter des minderjährigen Kaisers Tongzhi, gewesen zu sein: Die Frau, die anstelle ihres verwöhnten Söhnchens regierte, ließ in der Küche der Verbotenen Stadt 1864 eine eigene Abteilung für die professionelle Zubereitung ihrer Lieblingsente einrichten. Dem Sohn hat es nicht viel gebracht; er starb im Alter von 18 Jahren.

Der Wunder-Ente wird schon zu Lebzeiten (maximal 65 Tage!) besondere Aufmerksamkeit zuteil: Die ersten 45 Tage wächst das Tier in einem Freigehege heran, 15 bis 20 Tage vor der Schlachtung werden die Vögel viermal täglich mit einer besonders gehaltvollen Mixtur aus Hirse, Mungo-Bohnen und Weizenhäcksel gemästet. Diese letzten Lebenstage verbringen die Enten sitzend; dadurch soll ihr Fleisch besonders zart und die Haut besonders dünn werden. Am Ende wiegt diese Kaiser-Ente etwa drei Kilogramm. Das feine Tier ist „Stolz und Herausforderung des chinesischen Kochs", wie das „Gourmet-Handbuch" verrät. 18 Stunden und länger mühen sich die Küchenmeister mit dem fetten Vogel ab. Die Innereien werden durch einen kleinen Schnitt unter dem Flügel entfernt, sodann wird Luft zwischen Haut und Fleisch geblasen. „Die Haut", wird uns auf der Webseite des angesehen Peking-Enten-Hauses in Berlin anschaulich erklärt, „löst sich vollständig vom Fleisch, bleibt allerdings an der Ente, ähnlich wie der Bezug um ein Kissen."

Anschließend wird das Tier in kochendem Wasser abgebrüht, gewürzt und mit einer raffinierten Honigmarinade bepinselt. Danach wird die Ente zum Trocknen aufgehängt, mindestens zwölf Stunden lang, um sodann weitere Stunden in einem Ofen gegart zu werden. Die Haut wird kross und rotbraun, das Fleisch zart und saftig. In guten Restaurants kommt auch das Servieren einer kaiserlichen Zeremonie gleich: Der Vogel wird am Tisch zerteilt, die Haut abgelöst, das Fleisch in hauchdünne Scheiben geschnitten. Man isst die Delikatesse zusammengerollt in Mandarin-Pfannkuchen mit Frühlingszwiebel-Sträußchen und einer feinen Soja-Sauce. Wer sich auskennt, lässt sich aus der Karkasse des Tieres noch eine Suppe bereiten, die als letzter Gang gereicht wird.

Herr Wang: „Waren sie schon einmal in Peking?"

G (etwas kleinlaut): „Ich war noch nie in China."

Herr Wang: „Wieso? Warum?"

G (immer noch kleinlaut): „Ich weiß, ich weiß, es ist unentschuldbar, ich muss das Land unbedingt besuchen."

Herr Wang: „Wenn Sie sich für die Esskultur interessieren, müssen Sie dort unbedingt hin. Die größte Vielfalt an Speisen haben wir in China. Nirgendwo anders werden Sie das entdecken können."

» Die französische Küche ist schon sehr reichhaltig, auch im Vergleich zu Deutschland oder zu anderen europäischen Ländern. Aber kein Vergleich zu China. «

G: „Nicht einmal in Frankreich?"

Herr Wang: „Nein, auch nicht in Frankreich. Ich war einige Male dort, das Angebot der französischen Küche ist schon sehr reichhaltig, auch im Vergleich zu Deutschland oder zu anderen europäischen Ländern. Aber kein Vergleich zu China."

Herr Wang lächelt fein; er will ja niemandem zu nahe treten.

D: „Wenn Sie in Deutschland in ein chinesisches Restaurant gehen – wie stark unterscheidet sich das Essen dort von der Küche in Ihrer Heimat?"

Herr Wang zögert einen Augenblick: „Ich sage jetzt, was ich vielleicht gar nicht sagen sollte. Ich habe in Deutschland und auch in Europa ganz selten ein China-Restaurant entdeckt, das wirklich gut war. Wollen wir nicht lieber noch einen Schluck Maotai nehmen?"

G: „Viele Chinesen, die in den Westen kommen, sind erstaunt, was hier als chinesisches Essen angeboten wird. Auf Youtube ist ein Film zu finden, in dem chinesischen Touristen Erzeugnisse der hiesigen China-Restaurants zum Testen vorgesetzt werden. Das Urteil ist meistens vernichtend."

Herr Wang: „Aber so schlimm ist es auch nicht. Es gibt durchaus Restaurants, die in Ordnung sind…"

D: „Man wird nicht krank davon."

Herr Wang: „Man erhält durchaus einen Einblick in die Geschmacksvielfalt. Wenn ich von einem wirklich guten Restaurant spreche, dann ist der Anspruch sehr hoch. Zum einen müssen die Köche nach den chinesischen Regeln gut ausgebildet sein. Diese Ausbildung kann man hier in Deutschland nicht machen. Und dann muss das Material zur Verfügung stehen: Gemüse und Fleisch, ganz frisch. Die Fische müssen lebendig sein. Solche Bedingungen sind in Deutschland schwer zu erfüllen. Dürfen hier überhaupt Fische lebendig angeboten werden?"

G: „Durchaus. Zum Beispiel in der Frankfurter Kleinmarkthalle. Freitags und samstags werden dort lebende Süßwasserfische verkauft."

D: „Wenn man sucht, dann findet man natürlich auch in Deutschland Restaurants, die den chinesischen Ansprüchen nahe kommen. In Berlin etwa das „Hot Spot", ein winziges Lokal. Der Wirt, Herr Wu, ist mit unserem Ex-Außenminister Joschka Fischer befreundet, und den kennt das ganze Land als versierten Feinschmecker. Ich weiß nicht, ob dort wirklich authentisch gekocht wird – aber es schmeckt. Ich erinnere mich zum Beispiel gern an über Teeblättern gedünstete Ente. Herr Wu hat beklagt, es sei äußerst schwierig, hierzulande frischen chinesischen Tee zu besorgen."

Herr Wang: „Das ist so. Tee sollte aus demselben Jahr sein. Wenn er ein Jahr alt geworden ist, hat er schon an Qualität verloren."

G: „In Berlin gibt es einen Literaturwissenschaftler, der bezeichnet sich selbst als Karl May der chinesischen Küche – er urteilt darüber, ohne je in China gewesen zu sein. Karl May hat ja mithilfe seiner Winnetou-Romane in Deutschland das Amerikabild ganzer Generationen geprägt, ohne jemals dort gewesen zu sein."

Herr Wang: „So wie Marco Polo. Es gibt ja Wissenschaftler, die bezweifeln, dass der große China-Experte jemals in China gewesen ist."

G: „Es gab halt schon immer Fake News."

Herr Wang: „Um noch einmal auf die chinesischen Restaurants zurückzukommen. Es ist schon so, dass viele Gastronomen sich dem westlichen Geschmack angepasst haben. Sie befürchten, dass sie sonst ihr Essen nicht verkaufen können. Aber inzwischen sehe ich auch eine andere Tendenz: Die China-Restaurants versuchen seit geraumer Zeit, authentisch und originär zu kochen, wie in China. Es könnte sein, dass die Menschen hier etwas Zeit brauchen, um auf den Geschmack zu kommen. Aber ich bin überzeugt, dass die Menschen dazu bereit sind."

G: „Wie viele Chinesen leben in Deutschland?"

Herr Wang: „150.000."

G: „Die wollen ja auch mal ins Restaurant gehen ..."

Herr Wang: „Ja, das stimmt. Die Wirte sind auch am meisten getrieben von ihren Landsleuten, die authentische Küche erwarten."

Auf dem Tonband klirrt es, auf dem Tisch werden Schalen mit dampfendem Inhalt zurechtgerückt. „Eine Hühnersuppe", erläutert G nach Blick auf den Menüplan. D will noch schnell ein Problem geklärt haben:

D: „Bei uns wird ja immer mehr von der klassischen Zubereitung der Speisen abgerückt. Fleisch und Gemüse als Fertiggerichte, die Mikrowelle kommt zum Einsatz. Man sagt, das habe mit der modernen Arbeitswelt zu tun, die Menschen haben keine Zeit mehr fürs Kochen. Man hat sich abgewöhnt, in der Familie zu speisen. Ist das in China auch so?"

Herr Wang: „Bei den jungen Familien, vor allem in den Großstädten, ist das zunehmend auch so. Wenn beide Elternteile arbeiten, haben sie keine Zeit fürs Kochen. Sie gehen dann in Restaurants oder holen sich Fast Food. Leider."

D: „Gibt es in China auch Fast-Food-Ketten?"

Herr Wang: „Fastfood nach dem Vorbild von McDonald's oder Kentucky Fried Chicken gibt es bei uns nicht, das ist ja sehr amerikanisch. Aber wir haben zum Beispiel unsere Nudeln. Ich denke, das chinesische Essen lässt sich nicht einfach als halbfertige Mahlzeit für die Mikrowelle oder den Backofen bereithalten. Aber hier gibt es das. Gefrorene Pizza! So etwas gibt es…" Herr Wang stockt einen Moment, dann muss er lachen. „Die chinesische Schnellküche braucht auf den heimischen Märkten wenig Platz. Mit Schulterstangen werden Ofen, Wok, Holz, Fleisch, Gemüse, Nudeln und Gewürze herbeigeschafft, mit wenigen Handgriffen ist alles einsatzbereit."

G: „Der hocherhitzte Wok ist ja genauso schnell und effektiv wie die Mikrowelle. Das chinesische Essen braucht viel Zeit für die Vorbereitung, aber in der Zubereitung ist ja auch das zuvor marinierte Fleisch blitzschnell knusprig und gar."

Herr Wang: „Es muss alles ganz schnell gehen, damit die Aromen und die Inhaltsstoffe erhalten bleiben. Grüngemüse wird nur wenige Sekunden im Wok gerührt. Wir Chinesen essen ja niemals rohen Salat wie die Europäer, alles wird erhitzt. Nur eine Ausnahme gibt es: Tomaten."

Die Herren löffeln die Hühnersuppe. Fleischschnipsel, Tofu-Fäden, hauchdünn geschnittene Steinpilzscheiben schwimmen in dem klaren Sud. „Ausgezeichnet", lobt D. Die Suppe schmeckt äußerst fein nach Hühnchen. „Sie sind ja zu beneiden", sagt D, „wenn Ihnen jeden Tag so köstlich aufgetischt wird." – „Nein, nein", sagt Herr Wang, „das bekomme ich nicht jeden Tag. Nur, wenn ich Gäste habe. Nur weil Sie da sind." – „Och", sagt G, „wir kommen auch wieder."

Dreimal täglich essen die Chinesen warm. Aber unversehens schwärmt Herr Wang von deutschen Esswaren. Die Herren am Tisch sind sich schnell einig, dass die deutsche Kochkunst nicht übermäßig hoch zu bewerten sei – und sicher weit davon entfernt, der chinesischen ebenbürtig sein zu können. Aber das Brot! „Meine Frau und ich, wir haben ja jetzt schon lange in Deutschland gelebt. Das Brot würden wir immer vermissen, es ist unvergleichlich." Manchmal, lernen D und G an diesem Abend, überkommt Herrn Wang im heimischen Peking die Sehnsucht nach deutschen Würsten und deutschem Fleisch; dann lädt er Freunde zum Grillfest. „Es gibt in Peking eine deutsche Fleischerei", erzählt er, „die verkauft alles wie hier in Deutschland." Die Geschichte dieses Fleischers in Peking ist legendär. Steffen Schindler war Militärattaché an der Botschaft der DDR. Als die Wiedervereinigung über ihn kam, stand er ohne Arbeit da – und hatte die zündende Idee. Für Europäer in Chinas Hauptstadt ist Schindlers Fleischerei die erste Adresse, „ein sehr gutes Geschäft", lobt Herr Wang. „Manchmal, wenn meine Frau und ich daheim sind, bereiten wir uns eine Original-Bratwurst zu. Das ist nicht billig, aber es schmeckt nach Deutschland." Seinen Gästen allerdings legt er vorzugsweise Schindlers Steaks auf den Grill.

D: „Welche Art Fleisch wird in China am häufigsten gegessen?"

Herr Wang: „Schwein, danach kommt Geflügel. In einigen Regionen, vor allem auch in den autonomen Gebieten, in denen Nomaden leben, steht das Lammfleisch ganz vorne, oder auch Rind."

Passenderweise wird der nächste Gang herbeigetragen, Lammfilet in fein ziselierten Scheibchen. G fragt: „Wie ist das eigentlich in einer chinesischen Metzgerei? Wird das Fleisch dort anders angeboten als bei uns, wird es zum Beispiel anders geschnitten als unsere Steaks oder Koteletts?"

Herr Wang: „Für uns Chinesen ist das Fleisch in hiesigen Metzgereien viel zu stark vorbereitet. In China haben die Hausfrauen noch sehr viel Arbeit mit dem Fleisch, dort wird es in sehr großen zusammenhängenden Stücken verkauft. Die deutschen Hausfrauen haben nicht mehr viel Arbeit. Da ist vom Metzger schon alles kochfertig zurechtgeschnitten."

D erinnert sich an eine Mahlzeit in Frankfurts Partnerstadt Guangzhou. „Da gab es Hühnchen in kleinen Stücken, alles war zerhackt, die Knochen inklusive ..." – „Das ist normal", sagt Herr Wang, „bei Hühnchen und Enten zum Beispiel bleiben die Knochen erhalten."

D: „Das Generalkonsulat hat einen eigenen Koch?"

Herr Wang: „Ja, das ist so. Die Köche, die in die Auslandsvertretungen geschickt werden, sind sehr gut ausgebildet. Ich kann mit Überzeugung sagen: Wir haben hier die beste chinesische Küche in der Rhein-Main-Region."

D: „Das können wir nur bestätigen. Es schmeckt alles wunderbar."

G: „Falls das Generalkonsulat, was niemals eintreten möge, einmal in Geldschwierigkeiten geraten sollte, hängen Sie einfach eine Speisekarte draußen ans Tor, die Gäste werden herbeiströmen."

Herr Wang: „Nein, nein, bloß das nicht!"

D: „Ich muss jetzt einmal ein schwieriges Kapitel ansprechen. Petra Roth, die frühere Oberbürgermeisterin von Frankfurt, hat mir erzählt, als sie das erste Mal in Guangzhou war – bei einem Festbankett anlässlich der Städtepartnerschaft 1996 – wurde ein lebender Affe auf den Tisch gesetzt und der Schädel war geöffnet und sie als Ehrengast ..."

Herr Wang: „Das darf nicht sein. Das darf nicht sein! Wenn das so gemacht wurde, war das ein großer Fehler. Solch eine Geschichte habe ich als Chinese auch schon gehört, aber es wurde als ungeheuerlicher Skandal dargestellt. Es gibt so etwas, das ist leider wahr – aber manche Leute in der Provinz wissen einfach nicht…"

D: „…wie man sich benimmt?"

Herr Wang: „Ja, genau, wie man sich benimmt."

G: „Wenn wir gerade dabei sind, die Scheußlichkeiten auszutauschen: Wenn Deutsche sich aufmachen zu einem China-Besuch, dann werden sie gerne mal gefragt: Was isst du denn da? Viele denken, da steht überall Hundefleisch auf der Speisekarte – aber Hund wird ja nur in einer relativ überschaubaren Region angeboten. Wie empfinden die übrigen Chinesen das eigentlich? Ekeln sie sich davor?"

Herr Wang: „Nein, das kann man nicht sagen. Wir sind so ein riesiges Land, in dem viele Traditionen, auch Essgewohnheiten, zusammenkommen. Hundefleisch wird ja zum Beispiel in Korea noch viel mehr verzehrt. Wir müssen das respektieren, auch wenn wir es nicht mögen."

Guangzhou, das in Deutschland noch immer viele Kanton nennen, liegt wie Hongkong am Perlflussdelta und ist Hauptstadt der 100-Millionen-Einwohner-Provinz Guangdong. Die Metropole, seit 1988 Partnerstadt Frankfurts, gilt unter Naturschützern und Tierliebhabern als eine Art Vorhölle – selbst hartgesottene Touristen können hier kulinarische Entdeckungen machen, denen sie vielleicht lieber entgangen wären. „Alles, was nicht flüchten kann, wird gegrillt, gekocht und gegart", notiert ein empörter China-Besucher. Schildkröten, um mal harmlos zu beginnen, kommen in jedweder Zubereitungsart auf den Tisch, aber auch gesottene Seidenraupen und Seewürmer, geröstete Skorpione, Schlangen aus dem Wok. Und natürlich Hunde. Als besondere Delikatesse gilt den Einheimischen zum Beispiel acht Stunden in Schildkrötensud geköchelter Hund; damit es mundet, werden Salz, Anis, Kumin, Ingwer, Sanddornbeeren und elf weitere Gewürze beigegeben.

Was für die einen als Krönung der Köstlichkeiten gilt, ist für Tierschützer der Gipfel des Frevels. Seit Jahren schon laufen sie Protest, zunehmend auch in China selbst, wo Aktivisten Hunde und Katzen aus Käfigen befreien oder den Händlern vor der Schlachtung abkaufen. Die Stadt Yulin veranstaltet seit einigen Jahren, immer zur Sonnenwende, ein berüchtigtes Hundefleisch-Festival. Unter dem Druck der Proteste wurde 2017 erstmals der Verkauf von Hundefleisch verboten. Hundefleisch-Liebhaber freilich wird das kaum abschrecken: das rosafarbene Fleisch gilt als schmackhaft (Kenner siedeln es irgendwo zwischen Rind und Wildbret an) und als gesund, vor allem für Nieren und Magen. Und potenzfördernd soll es obendrein sein. Dieser Ruf hat schon viele Tierarten an den Rand der Ausrottung gebracht.

Allerdings wirkt der empörte Blick aus Westeuropa nach China etwas scheinheilig. Erst 1986 wurde in Deutschland das Schlachten von Hunden (nicht aber der Verzehr!) offiziell verboten. Zuvor krönte „der beste Freund des Menschen“ immer wieder mal Europas Speisekarten, nicht nur in Notzeiten wie etwa dem Dreißigjährigen Krieg. Im Paris der 1870er Jahre waren zum Beispiel geschnetzelte Hundeleber oder Hundeschulter in Tomatensoße Restaurant-Hits. In den Jahrzehnten davor waren in vielen Ortschaften Sachsens Hundeschlächter am Werk – die Ware war gefragt. 1866, als Hundefleisch auch bei Banketten gern auf den Tisch gebracht wurde, widmete Wilhelm Busch in seinem „Münchner Bilderbogen“ dem begehrten Zamperl ein gruseliges Reimwerk:

> Das Fräulein Ammer kost allhier
> Mit Schnick, dem allerliebsten Tier.
>
> Sie füttert ihn, soviel er mag,
> Mit Zuckerbrot den ganzen Tag.
> Und nachts liegt er sogar im Bett,
> Da wird er freilich dick und fett.

Einstmals, als sie spazierengehen,
Sieht man den Hundefänger stehen.
Er lockt den Schnick mit einer Brezen,
Das Fräulein ruft ihn voll Entsetzen.
Doch weil er nicht gehorchen kann,
Fängt ihn gripsgraps der böse Mann.
Seht, wie er läuft, der Hundehäscher!
Und trägt im Sack den dicken Näscher.
Gern lief er fort, der arme Schnick,
Doch ist er viel zu dumm und dick.
„Den schlacht' ich!" spricht der böse Mann,
„Weil er so fett und gar nichts kann."
Das Fräulein naht und jammert laut,
Es ist zu spat; da liegt die Haut.
Zwei Gülden zahlt sie in der Stille
Für Schnickens letzte Außenhülle.

Hier steht der ausgestopfte Schnick. –
Wer dick und faul, hat selten Glück.
(Wilhelm Busch: Die Strafe der Faulheit)

Der amtlichen Fleischbeschau in Deutschland verdanken wir übrigens die Erkenntnis, dass in den Jahren von 1904 bis 1924 allein in den Städten Chemnitz, Breslau und München 42.400 Hunde „zum Verzehr" geschlachtet wurden. Die Bundesärztekammer verwies noch kürzlich darauf, dass Tierärzte zwischen 1900 und 1985 in Deutschland eine Viertel Million Schlachthunde untersuchen mussten. Vor allem die Chemnitzer hatten Geschmack an echtem Wauwau: Dort, weiß die Ärztekammer, soll jeder Einwohner statistisch 380 Gramm Hund im Jahr verspeist haben.

G: „Es gibt ja auch in Deutschland immer noch Regionen, vor allem im Süden, da kommen Dinge auf den Tisch, die kein Westfale oder Hesse jemals auch nur probieren würde. Innereien vor allem, wie Lunge, Herz, Magen, Nieren, Pansen, aber auch Euter oder Schweinsfüße ..."

Herr Wang: „Das gibt es alles bei uns auch, das ist nichts Besonderes in China, wir machen da keinen Unterschied zum restlichen Fleisch. Ich habe von meinem Großvater einmal erklärt bekommen: Es gibt Tiere, die nützlich sind, und Tiere, die nicht nützlich sind. Nach meiner persönlichen Einschätzung gilt das heute noch. Kühe und Pferde zum Beispiel sind nützlich, die helfen den Bauern. Und es gibt Tiere wie Hunde und Katzen, die erfüllen bei dieser Einteilung keinen Zweck."

G: „Haben Chinesen überhaupt ein Verhältnis zu Tieren – zu Haustieren – das vergleichbar ist mit der im Westen weit verbreiteten Einstellung, in der Hunde und Katzen zum Beispiel fast wie Familienmitglieder betrachtet werden?"

Herr Wang: „Bei mir gibt es das, ja."

G: „Was für ein Tier haben Sie?"

Herr Wang: „Eine Katze. Da oben, in dem Zimmer über uns. Sie wartet auf mich und denkt vermutlich: Wo bleibt der so lange? Wir hatten diese Katze schon in Peking, und als wir nach Europa geschickt wurden, da war für meine Frau und mich vollkommen klar: Wir müssen diese Katze mitnehmen. Ich hatte ein tragisches Erlebnis, vor über 20 Jahren. Damals hatte ich Hunde zu Hause, und ich musste zu einem Auslandseinsatz. Binnen zwei Wochen musste ich alle fünf Hunde weggeben, an Freunde und Bekannte vor allem. Das war bitter."

G: „Bevor Sie ins Ausland geschickt werden, werden Sie ja auf das vorbereitet, was Sie dort erwartet – gesellschaftlich, politisch, wirtschaftlich. Werden Sie auch auf das vorbereitet, was es dort zu essen gibt?"

Herr Wang: „Ich würde sagen Ja und Nein. Ich bin kein typischer Fall. Ich habe schon sehr früh, in den 80er Jahren, Deutsch studiert, erst in China, danach auch an der Universität Heidelberg. Meine Frau hat längere Zeit an der österreichischen Botschaft in Peking gearbeitet. Das Wiener Schnitzel habe ich schon sehr, sehr früh probiert; es hat mir gut geschmeckt. Richtig vorbereiten kann man sich aber auf so etwas nie. Ein offenes Herz muss man haben. Man will ja auch im Ausland überleben; man will ja nicht verhungern …"

Die Herren lachen mal wieder und greifen nach den Gläschen.

Es ist, als wäre diese kleine Tischrunde unversehens in China angekommen. Liegt das am Maotai? Am Essen sicherlich, an der Gastfreundschaft – und an der kaum zu bremsenden Begeisterung für das Essen. „Heute schon gegessen?" ist in China eine Grußformel wie „Grüß Gott" in Bayern. Die Ernährung ist den Chinesen ein wichtiger Bestandteil des Lebens. Und der Geschichte! Als vor 3.000 Jahren die Meisterköche des Landes schon mit Gewürzen, Marinaden für Fisch und Fleisch experimentierten und über ersten Kochregeln grübelten, ernährten sich die germanischen Stämme vorwiegend mit Getreidebrei aus Weizen und Gerste. Fleisch gab es selten; die größte Chance bestand, wenn Kühe, Schafe oder Ziegen keine Milch mehr gaben und die Rinder zu schwach wurden, um noch als Zugvieh zu Diensten zu sein. Dann wurde geschlachtet. Die römischen Besatzer hatten es übrigens auch nicht komfortabler. Die Legionäre erhielten eine Tagesration von 900 Gramm an Getreide, sonst nichts. Während diese Zwangsvegetarier sich mit unseren Vorfahren herumschlugen, gab sich der daheimgebliebene Land- und Stadtadel der Völlerei hin, mit Fressspektakeln der absonderlichsten Art.

Nicht ganz so erfindungsreich, aber ähnlich dekadent und maßlos hatte ein paar Jahrhunderte zuvor Di Xin, letzter König der Shang-Dynastie, seine Obsessionen ausgelebt. 33 Jahre lang, von 1155 bis 1122 (v. u. Z.), herrschte er über das damalige China und über Orgien-Inszenierungen wie diese: Ein eigens ausgehobener Teich wurde mit Wein gefüllt, in dem die Gäste „vollständig entkleidet" zu plantschen hatten. Am Teichufer hingen geröstete Fleischstücke für die ausschweifende Mahlzeit.

Der Prinz von Zhou (Lebensdaten unbekannt) nahm die kaiserlichen Exzesse zum Anlass, um als Premierminister eine Art chinesischen Knigge zu erarbeiten. Der gilt in seinen Grundzügen heute noch: Ausschweifungen jedweder Art sind verboten, Älteren soll mit Respekt begegnet, bei Tisch sollen Rücksichtnahme, Freundlichkeit und Mäßigung gepflegt werden. Solche Regeln hat auch der wohl berühmteste Universalgelehrte Chinas, Konfuzius, gepriesen. Der zauselbärtige Geistesgigant (551 bis 479 v. u. Z.) hat über seine zahllosen Jünger derart viele Gedanken und Spruch-Weisheiten hinterlassen, dass westliche Bankmanager damit unzählige Tischgesellschaften auf ungeahntes intellektuelles Niveau hieven können. Vor allem das Essen hat es Konfuzius, wie jedem anständigen Chinesen, angetan.

Essen mit Freunden, sagt Konfuzius, ist ein unverzichtbarer Teil des Lebens. Ein Leben ohne Essen mit Freunden muss als unvollständig und untauglich angesehen werden. Konfuzius sagt, dass Kochen eine Kunstform sei. Konfuzius sagt, das Essen soll immer in kleingehackten Teilen serviert werden. Konfuzius sagt, es sollten niemals Messer auf dem Tisch liegen – das zeigt mangelnden Respekt gegenüber den Gästen. Konfuzius sagt, die aufgetragenen Speisen sollten immer in Harmonie miteinander stehen.

Harmonie – das ist das Zauberwort der chinesischen Küche, auch heute noch. Der Glaube an den Ausgleich aller Gegensätze (Yin und Yang) überträgt sich auch aufs Essen. Yin (weiblich, weich, sanft, dunkel, kühl) trifft Yang (männlich, kräftig, hart, hell, heiß). In der Definition des Gourmet-Handbuchs: „Feste und flüssige, harte und weiche, scharfe und milde Gerichte, Konserviertes und Frisches wechseln sich deshalb in kleinen Portionsschälchen ab, Süßes verlangt Salziges, Knuspriges Butterweiches ..." Der Dichter und Feinschmecker Yuan Mei (1716 bis 1797) hat bereits damals in seinem berühmten Kochbuch Suiyuan shidan die dazu passenden Regeln definiert: „Beim Auftragen der Speisen serviert man zuallererst die salzigen, danach die süßen Gerichte. Schwere Speisen vor leichten, trockene vor jenen in Brühe ... Man muss vorher wissen und verstehen, wann der Magen der Gäste ausreichend gefüllt ist und sich Müdigkeit einstellt. Dann müssen zur Anregung scharfe Speisen aufgetragen werden."

Bereits während der Shang-Dynastie (1600 bis 1046 v. u. Z.) war es üblich, Speisen zu würzen, zum Beispiel mit Salz und Essigpflaumen. Während der folgenden Zhou-Dynastie (1046 bis 256 v. u. Z.) wurden bereits Jiang genannte fermentierte Saucen über Fleisch, Fisch und Gemüse geschüttet, in über 100 Geschmacksrichtungen. Heute sind über 500 unterschiedliche Würzstoffe im Einsatz, ihre Hauptgeschmacksrichtungen beschreiben die chinesischen Küchenmeister als salzig, süß, sauer, scharf, bitter, frisch, aromatisch, betäubend oder fad. Nach einer während der Zhou-Dynastie entwickelten Theorie über ausgewogene Ernährung sollten sich die Menschen idealerweise aus den „fünf Getreidesorten", den „fünf Früchten", den „fünf Haustieren" sowie den „fünf Gemüsesorten" ernähren. Vom Tier sollte alles gegessen werden, auch Ohren, Zunge, Flügel, die Schwimmhäute an den Füßen von Wasservögeln, innere Organe.

Der Online-Landesführer „China-Guide" erläutert: „Man geht davon aus, dass das Fleisch und die Organe der Tiere direkt mit denen des menschlichen Körpers korrespondieren. Folgerichtig glaubt man, dass das Verspeisen von Schweineleber die Funktion der menschlichen Leber stärkt und der Konsum eines Tierhirns die menschliche Intelligenz fördert. Menschen, die unter Anämie leiden, wird geraten, Hühner- oder Entenblut zu sich zu nehmen. Knochenbrüche werden mit Knochensuppe oder pulverisierten Tierknochen behandelt. Es wird angenommen, Schildkrötenfleisch enthalte eine Substanz, die für das lange Leben der Tiere verantwortlich ist. Daher glaubt man, dass Essen von Schildkrötenfleisch fördere die Langlebigkeit."

Zum Kulturanspruch der chinesischen Küche passt auch eine wuchtige, zunächst acht- am Ende sogar 16-teilige Fernsehserie unter dem im Deutschen banalen Titel „China auf der Zunge" – eine kulinarische Abenteuerfahrt durch die Regionen des Riesenreichs. Frauen durchstreifen Kiefernwälder im chinesischen Hochland um Shangri-La auf der Suche nach dem kostbaren Matsutake. Frei von Umweltgiften muss der Wald sein, und auch dann finden die kundigen Frauen nur im Abstand von einem Kilometer ein Exemplar des nach Zimt schmeckenden Pilzes (auf Deutsch: Krokodilritterling). Männer graben die Schösslinge von Winterbambus aus dem Erdreich. Salz aus den Nuodeng-Bergen gibt Schinken bei der Lufttrocknung einen unvergleichlichen Geschmack. Der Schinken wird zart massiert (nicht geklopft!), bevor er für über ein Jahr der Fermentierung überlassen wird. Riesige Tofu-Torten, weiß wie Neuschnee, werden auf den Märkten angeboten. Tofu, für viele Vegetarier im Westen ein Ersatz fürs verhasste Fleisch, ist neben Reis und Nudeln das wichtigste Grundnahrungsmittel in China und wird selten ohne Fleisch und Gemüse gegessen. Immer und immer wieder geht es in dieser Filmreihe wie im Leben ums Essen.

Eine Arbeitsstelle heißt in China mancherorts „Reisschale", über die Runden kommen heißt „den Mund voll kriegen", gut zu leben heißt „überall etwas zu essen kriegen". Der Reis vor allem gilt in vielen Regionen Chinas – wie auch in den meisten übrigen asiatischen Ländern – als das Maß aller Dinge, mochte auch Jean Anthelme Brillat-Savarin, der große französische Gastrosoph des ausgehenden 18. Jahrhunderts, eindringlich vor dem Verzehr warnen: er lasse „die Muskeln erschlaffen und verringert sogar den Mut. Als Beweis dafür gelten die Inder, die fast ausschließlich von Reis leben und sich jedem unterworfen haben, der sie zu unterjochen versuchte." Darüber kann man im Reich der Mitte nur herzlich lachen. Zum Neujahrsfest jedenfalls wünschen sich die Chinesen das Allerbeste: „Möge dein Reis niemals anbrennen."

»Möge dein Reis niemals anbrennen.«

Alles endet immer wieder am großen Tisch. Geburtstage, Hochzeiten, Freundestreffen, Familienzusammenkünfte: Auf den Tischen stapeln sich die Schüsselchen voller Rindsbrühe,

Schweinsrippchen, gefüllten Tofubällchen, gegrillten und gekochten Fischen, Fladenbroten (Naan), scharf gewürzten Hühnchen, Teigtaschen mit jedweder Füllung, sogar mit gebratenen Würsten. Wir sehen glückliche, futternde und trinkende Menschen. Der eher asketische Konfuzius, der den Menschen beim Essen Schweigsamkeit empfahl, hätte daran wohl keinen Gefallen gefunden. Alles geht zwanglos zu. Man darf lachen, laut reden, sogar mit vollem Mund, und wenn es schmeckt und guttut, ist es auch erlaubt, zu schmatzen und zu schlürfen.

Sehnsuchtsbilder sind das, man wäre gern dabei. Sind das Bilder einer auch in China untergehenden Zeit? Oder ist dieses gewaltige Gourmet-Volk die letzte Bastion gegen Kühlkost und Fastfood, gegen einsame Single-Mahlzeiten und geschäftige Nahrungsaufnahme? Schön wär's!

Ein letzter Maotai. Herr Wang sitzt entspannt und lächelt. Das Tonband ist schon ausgestellt, eine Frage haben wir aber noch: Was denken die Chinesen eigentlich von den Deutschen? Das Lächeln des Generalkonsuls wird noch breiter. „Wir Chinesen", sagt er, „mögen die Deutschen. Ich selbst gelte ja als Deutschlandkenner, und mir wird immer wieder diese eine Frage gestellt, auf die ich keine Antwort habe. Es ist ein Rätsel! Die Frage lautet: Wie kann es sein, dass die Deutschen zwei große Kriege begonnen und verloren haben – und so stark und erfolgreich wieder aufgestanden sind?" Da können D und G leider auch nicht behilflich sein. Immerhin kann man, wie bei den meisten Fragen von gesellschaftlicher oder kultureller Bedeutung, auf Johann Wolfgang von Goethe verweisen, der irgendwann sein Herz für die Chinesen geöffnet hat. Über ihre Poesie urteilte er: „Die Menschen denken, handeln und empfinden fast ebenso wie wir, nur daß bei ihnen alles klarer, reinlicher und sittlicher zugeht." Sein Vertrauter Johann Peter Eckermann notierte nach einem Gespräch mit dem Meister am 26. April 1823: „Die Chinesen sind ein Volk, das sehr viele Ähnlichkeiten mit den Deutschen hat."

Nun ja, beim Essen sind wir vielleicht noch entwicklungsfähig. Aber wie sollen wir, deutsche Tüchtigkeit hin oder her, 3.000 Jahre Vorsprung in der Geschichte der Feinschmeckerei aufholen?

GESPRÄCHSPARTNER

Shunqing Wang ist Generalkonsul der Volksrepublik China in Frankfurt. Bei seiner Vorstellung auf dem Sommerempfang der Stadt für das Hessische Konsularische Corps scherzte er, für chinesische Verhältnisse sei die Stadt am Main zwar „eine winzige Kleinstadt" – aber keineswegs ein Dorf, „sondern eine wichtige internationale Metropole". Der in Peking geborene Diplomat, der ein geschliffenes Deutsch spricht, weiß, was die Deutschen gerne hören. Vor seiner Berufung nach Frankfurt hat Wang, der unter anderem in Heidelberg studierte, viele diplomatische Stationen hinter sich gebracht – im Außenministerium, als Sekretär in den Botschaften in Deutschland und Österreich, als Konsul und Generalkonsul in München. Als Chef der diplomatischen Vertretung am Main ist er für die Bundesländer Baden-Württemberg, Hessen, Rheinland-Pfalz und das Saarland zuständig.

Fünfter Gang

Wie kommt das Schwein in die Wurst?

Ohne scharfe Messer, Gewürze und Muskelkraft geht nichts: Die Wurstherstellung ist harte Arbeit – und am Ende wird gefuttert!

> Wer einen Tag glücklich sein will, der trinke!
> Wer eine Woche glücklich sein will, schlachte ein Schwein!
> *Volksweisheit*

Geteiltes Schwein ist halbes Schwein. Und so hängt die tote Amanda halbiert am Haken, um die arme Sau herum stehen 17 junge Leute, mehr Frauen als Männer, die Köche werden möchten. Aufmerksam hören sie Metzgermeister Thomas Reichert zu, den ganz Frankfurt „Haxen-Reichert" nennt und der den Zweck des Abends so beschreibt: „Gemeinsam zerlegen wir das halbe Schwein und machen sechs Sorten Wurst aus ihm: Bratwurst, Merguez, Vogelsberger Kartoffelwurst, Leberwurst, Blutwurst und Presskopf – und zwar auf handwerkliche Art, so wie Wurst in Deutschland seit 200 Jahren hergestellt wird."

G schaut D an, D schaut G an. So haben sie einander noch nie gesehen. In blütenweißen Ganzkörperschürzen, über den Schuhen blaue Plastikhüllen, aber die weißen Netzhäubchen auf dem Kopf – bei G über ohrlangem Haupthaar, bei D über kaum Haar – übertreffen alles bisher Dagewesene. Hygienevorschriften gut und schön, wer will schon G's Haar in der Wurst, aber dass sich der Mann so zum Affen machen lassen muss? Ist das wirklich nötig? Schweigend und in sich gekehrt betreten die beiden Reicherts Wurstküche.

Da baumelt Amanda halsüber, der Kopf ist ab. Das habe ganz praktische Gründe, sagt der Meister: Das Innenmaß von Kühllastwagen sei normiert, die Länge von Schweinen aber nicht. Und um zu verhindern, dass ein hängendes Schwein mit dem Kopf auf der Erde schleift, werden die Köpfe gesondert transportiert.

Amanda ließ im Schlachthaus im schwäbischen Crailsheim ihr Leben, erkennbar am Stempel auf der Schwarte. Von schwäbisch-hällischem Geblüt ist sie – und so, wie sie da hängt, macht sie immer noch bella figura. Weil Reichert ein Philosoph unter den Metzgern ist, gibt er der Sache eine kulturhistorische Dimension: Der Ursprung der schwäbischen Haussau liegt nicht auf der Alb, sondern in China. Erst im 17. Jahrhundert kam die Rasse nach Europa, wie überhaupt die Chinesen schon zu Zeiten eine verfeinerte Küche pflegten, „als der Germane noch das rohe Fleisch vom Knochen nagte", wie G eingedenk des Lunchs des

Höhepunkt der Inklusion

Lächelns beim chinesischen Generalkonsul anmerkt (s. Vierter Gang).

In Frankfurt hat – wie in vielen Städten – das Schlachten zu Hause beim Metzger keine Tradition. Gegen Ende des 14. Jahrhunderts wurde der erste städtische Schlachthof eingeweiht, aus Hygienegründen galt 650 Jahre lang der Schlachthofzwang, der erst 1991 aufgehoben wurde. Seitdem gibt es nicht nur in Frankfurt keinen öffentlichen Schlachthof mehr, sondern überhaupt nur noch einen für ganz Hessen, in Brensbach im Odenwald. In der Frankfurter Altstadt, wo jetzt die Kunsthalle Schirn steht, lag einst das Viertel der Metzger, eine Schirn war früher ein Verkaufsstand und das soeben prächtig wiederaufgebaute Rote Haus war das Zunfthaus der Fleischer.

Doch weil wir nicht im Seminarsaal sind sondern in der Wurstküche, kommt Reichert schnell zur Anatomie. Schweinefleisch sei das „Rückgrat einer gesunden Ernährung“, sagt er, und zeigt den jungen Köchen, wo der Metzger den Schinken holt. Bis zur fünften Rippe spricht man vom Kamm, es folgt das Karree oder Kotelettstück. Das Dünung genannte Bauchfell eignet sich wegen seines „geschmeidigen Fetts“ gut für die Leberwurst, die Schweinebacke hingegen eher für feinere Wurstsorten. Der typisch hessische Solber heißt deswegen auch Stich, weil an dieser Stelle der Schlachter das todbringende Messer ansetzt. Und wie in jeder guten Show hat auch Reichert eine Assistentin, Jagoda, die den Solber auf Geheiß des Meisters ins Wasser legt: „Zwei bis zweieinhalb Stunden, mit Pökelsalz.“

»Schweinefleisch ist das Rückgrat einer gesunden Ernährung.«

Anstand und Sitte geböten es, „von einem Tier, wenn du es schon mal geschlachtet hast, nach Möglichkeit alles zu verwerten“, doziert Reichert. An dieser Stelle verkneift sich D, der nach eigenem Bekunden bekanntlich „für Nierchen in Senfsoße Menschen anfallen könnte“, einen triumphierenden Blick in Richtung G. Abgesehen von der moralischen Dimension habe die Vollverwertung früher ganz handfeste Vorteile gehabt, fährt Reichert fort. Staunend hören die jungen Leute, dass es „Zeiten gab, in denen die größte Sorge der Menschen nicht die Öffnungszeiten von Rewe oder vom Haxen-Reichert waren", sondern die Unsitte von Tieren, vor den Jägern davonzulaufen. „Und wenn du eines erwischt hast, warst du gut beraten, möglichst alles zu verwerten." So gesehen, war die Idee, Wurst zu machen, schlicht genial, weil sich Wurst durch die Zugabe von Salz oder in den Rauch gehängt länger hält als Frischfleisch.

Nicht nur ethische Erwägungen sprechen dagegen, einem Schwein nur Filet und Schnitzel herauszuschneiden und den Rest wegzuwerfen. Dafür schmecken selbst die weniger bekannten Stücke einfach zu gut. „Okay, die Schweineöhrchen kannst du dem Hund zu fressen geben", sagt Reichert. Aber was finden wir beispielsweise auf der Speisekarte des mit zwei Michelin-Sternen ausgezeichneten Restaurants „Rutz" in Berlin? „Wacholdergrün, alter und neuer Spargel, Schweinekinn" (38 Euro).

Nach einem bestimmten Plan wirft Reichert die Teile, die er ab- und kleinschneidet, in unterschiedliche Metallschalen. Die Sortierung der Stücke orientiert sich an der späteren Verwendung. Grundsätzlich „möchten wir wenig Knorpeliges in unserem Essen haben", aber ansonsten vertraut der Metzger durchaus der Kraft des Fleischwolfs: „Je feiner du was durchlassen kannst, desto bindegewebsreicher kann die Ausgangsmasse sein." Während D noch halblaut darüber nachdenkt, ob ein Schwein Cellulitis bekommen kann und von G dafür einen tadelnden Blick kassiert, demonstriert Reichert, dass ein anständiger Metzger wirklich kein Stück vom Schwein zurücklässt: „Die Schwarte verkaufen wir für drei Euro das Kilo an Tattoo-Studios, die üben damit. Schweinehaut ist der Menschenhaut sehr ähnlich." In Frankfurt-Nied gibt es einen Tätowierer, der neue Motive grundsätzlich erst einmal auf Schweineschwarte ausprobiert.

Der Meister führt die scharfe Klinge jetzt am Beckenknochen entlang und schneidet die Filets oder Lendchen heraus. Mit einer Säge trennt er sodann den Bauch vom Kotelettstück. Das Geräusch ist nichts für sensible Ohren. Ohne eine Miene zu verziehen, sagt Reichert: „Wir vertonen hier auch Horrorfilme." Ein nur leise zweifelndes „Eeecht?" eines Kochlehrlings zeigt, dass in der Wurstküche das Wort des Meisters noch Gewicht hat.

Und was wiegt Amanda? Gut einen Zentner, sagt Reichert, so ein halbes Schwein koste pro Kilo 2,30 bis 2,40 Euro. Ganz nebenbei erläutert er den jungen Leuten noch den Begriff „Schweinezyklus": Bei hohen Fleischpreisen steigen viele ins Geschäft ein, was zu einem Überangebot und fallenden Preisen führt – allerdings nicht gleich, sondern wegen der Aufzucht erst nach einem halben Jahr. Wegen der niedrigen Preise drosseln die Züchter dann die Produktion, ergo tut sich nach weiteren sechs Monaten eine Angebotslücke auf, weshalb die Preise wieder steigen. Das hat nicht Reichert ausgetüftelt, sondern der Ökonom Arthur Hanau 1927 in seiner agrarwissenschaftlichen Dissertation. Reichert bringt Hanaus eherne Regel der Ökonomie auf folgenden Nenner: „Teure Ferkel geben billige Schweine."

Dieses zyklische Zusammenspiel von Angebot, Nachfrage und Preisen ist in der Marktwirtschaft so verbreitet wie Schweinefleisch auf den Tellern der Welt. Und beileibe nicht nur in der Ökonomie. Auch bei der Lehrerversorgung lässt es sich etwa beobachten: Mal gibt es eine Lehrerschwemme, dann werden selbst die Besten nicht eingestellt – und einige Jahre später fehlt es den Schulen derart an Personal, dass sie buchstäblich jeden nehmen.

Auf so viel Selbstreflexion käme ein Schwein mangels Hirn natürlich nie und nimmer, denn ein Schweinehirn fällt mit vielleicht 70 Gramm kaum ins Gewicht. Kann man es essen? In bestimmten Regionen sei Schweinehirn eine Spezialität, sagt Reichert – oder besser: war, denn schon 2012 schrieb die „Süddeutsche Zeitung" bedauernd: „Allmächd! Die fränkische Hirnwurst ist vom Aussterben bedroht." Wer jetzt „Iiiihhhh, Hirnwurst!" ausruft, kann sich freilich wieder einkriegen, denn in der Hirnwurst ist kein Hirn. Im Fränkischen sind Hirnla vornehme Herren, die nicht mit den Händen arbeiten müssen, und aus der feinen, den Honoratioren vorbehaltenen, aus ganz magerem Schweinefleisch fabrizierten Herrenwurst wurde nach und nach sprachlich die Hirnwurst. Seit BSE traut sich aber kein Metzger mehr, „Hirnwurst" auf seine Tafel zu schreiben, und gegen „Herrenwurst" wetzen Feministinnen die Zungen. Auch die in Hessen bekannte Gelbwurst, die von manchen irrigerweise als Hirnwurst bezeichnet wird, habe ihre Farbe nicht von Schweinehirn, sagt Reichert, sondern vom Kochsalz, mit dem sie hergestellt wird.

Und die jungen Köche? Ist ihnen völlig wurscht, was auf den Herd kommt? G nutzt eine kurze Pause für eine Gewissenserforschung. Eine Kollegin sei „eigentlich Vegetarierin", so lautet die Antwort, sie nehme aber ihren künftigen Beruf so ernst, dass sie sich durch diesen Abend kämpft, weil sie wissen möchte, was es mit dem Fleisch auf sich hat und wie es schmeckt.

Mit einem munteren „Sooo!" nimmt sich Reichert jetzt Amandas Schulter vor. Entlang einer „gedachten Linie", die außer ihm niemand sieht, löst er mit dem Messer das Fleisch vom Knochen. Eine Weile sind nur das Schaben des Messers am Knochen und Reicherts etwas schneller gehender Atem zu hören, denn ein Schwein zu zerlegen, erfordert durchaus Muskelkraft. „Das, was ich jetzt abgeschnitten habe, ist der Klassiker für einen Krustenbraten: der dicke Bug. Wir brauchen heute allerdings alles für die Wurst." Doch bevor es so weit ist, gibt Reichert den angehenden Köchen noch einen Rat, „wenn ihr mal was Besonderes machen wollt": Da gebe es ein bestimmtes Stück vom Schaufelbug, das die Amerikaner „Flat-iron" (Bügeleisen) nennen. Das muss man „auf pedantischste Weise parieren", also komplett weg mit Knochenhaut und Bindegewebe, dann sous-vide bei 53,5 Grad etwa vier Stunden vorgaren und schließlich kurz braten – „gigantisch!"

Nach dieser Schwärmerei wendet sich Reichert wieder den einfacheren Genüssen zu und schneidet Amanda den Rückenspeck weg. Der ist nämlich die Grundlage für die Blutwurst. Er wird im Ganzen etwa 45 Minuten gegart und erst gekocht in kleine Würfel geschnitten. Bei dieser Vorstellung fällt mancher Blick voller Vorfreude auf das Tablett mit den zwei Flaschen Obstwasser. Apropos Fett: „Leberwurst hat bedeutend weniger Fett als viele annehmen", sagt Reichert, mehr als etwa 30 Prozent seien es nicht.

Deutschland ist das Land der tausend Wurstsorten. Sie lassen sich allerdings auf drei Grundformen zurückführen: Kochwürste werden überwiegend aus vorgegartem Fleisch hergestellt. Zu den etwa 350 Arten zählen beispielsweise Kalbsleberwurst, Bauernsülze und Blutwurst. Rohwurst – früher nannte man sie Dauerwurst – wie Schinken oder Salami besteht hingegen aus Rohmaterial, das mit Salz oder durch Räuchern haltbar gemacht wird. Die mit 800 Sorten größte ist die Gattung Brühwurst: Lyoner, Fleischwurst, Bierschinken, Frankfurter, Wiener, Leberkäse, Mortadella, Weißwurst – Gaumen, was willst du mehr? Für alle diese Varianten werden Fleisch, Speck und Gewürze feinst zerkleinert, in Natur- oder Kunstdärme gefüllt und dann heiß abgebrüht.

» Deutschland ist das Land der tausend Wurstsorten. «

Bratwurst geht so: wolfen (Scheibe 3 Millimeter), würzen, kneten. Als erstes werden also Schweineschulter (Vorderschinken) und Fettbacke durch den Fleischwolf gedreht. Kein Bauchspeck, den nennt Reichert „schmalzig“: Er mache die Wurst zwar saftig, „aber auf eine Art, die wir nicht so gerne mögen, du hast immer das Gefühl, du hast zu viel Fett im Mund“. Die erwünschte kernige Saftigkeit kommt eher von der Schweinebacke, einem stark benutzten Muskel. Das Bauchfett fühlt sich eher wie Handcrème an – „deshalb habe ich auch so zarte Hände“, macht Reichert die angehenden Köchinnen staunen, in deren Blicke sich allerdings leichte Skepsis mischt, als Reichert ungerührt hinzusetzt: „Hier, schaut mal, das ist die Speicheldrüse von unserem Schwein. Die kann man ohne Bedenken verarbeiten, verkocht wunderbar und tut keinem weh.“ G gluckst vor Vergnügen in sich hinein.

Der eigentliche mentale Stresstest kommt freilich erst noch: „Bei den Backen ist es ganz wichtig, dass ihr die immer gut kontrolliert.“ Schweine seien nämlich mit sechs Monaten schlachtreif und hätten in diesem Alter das gleiche Problem wie Menschen in der Pubertät: Pickel auf der Backe. Bei einem Schwein können Eiterpickel „soo groß werden“ – Reichert macht eine unbestimmte Handbewegung, die ausreicht, damit die Eleven in ein vielstimmiges „Äääähhhh“ ausbrechen.

Während eine Auszubildende Salz und Gewürze für die Leberwurst abwiegt, hängt von Amanda nur noch das Hinterteil am Haken. „Wo ist die Haxe?", fragt Reichert in die Runde. Deren Lage ist für den Schweineunkundigen gar nicht so leicht zu bestimmen, denn das Schwein ist ein Zehengänger. Die Ferse sitzt also optisch nicht ganz unten, weswegen Reichert das Messer auch etwa 20 Zentimeter höher als erwartet ansetzt, als er ankündigt: „Hier schneide ich jetzt die Achillessehne durch." Drollig sieht es aus, wie er den Fuß des Schweines umknickt: „So wäre es, wenn es nicht auf den Zehenspitzen ginge, sondern quasi auf der Sohle." Jetzt wieder im Bilde, versteht die Runde Reicherts Demonstration mühelos: „Die Haxe ist das Stück zwischen der Kniescheibe und dem Fuß." D, der zwei Knieoperationen (der Fußball!) hinter sich hat, tritt ganz nahe heran, als Reichert erläutert: „Hier sieht man jetzt ganz genau Innenbänder, Kreuzband, Außenbänder, Meniskus."

Der Meister hält sich allerdings nicht mit Altmännerverletzungen auf, sondern präsentiert eine weitere Delikatesse: das Fledermausstück. In Deutschland kommt es traditionell in die Wurst, doch in der Wiener Küche und in Spanien („Secreto") wird das handtellergroße Stück, das Reichert vorsichtig vom Beckenknochen löst, in hohen kulinarischen Ehren gehalten, weil es ähnlich zart wie das Filet ist und sich hervorragend zum Kurzbraten oder Grillen eignet.

Mit einigen entschlossenen Schnitten löst Reichert jetzt den Fettdeckel vom Schinken. Und wieder präpariert er „entlang einer gedachten Linie" am Oberschenkelknochen die Oberschale heraus, „das begehrte Schnitzelstück". Aus der Hüfte wiederum wird, je nach Gusto, Schinkenspeck oder Krustenbraten. Angesichts des schieren Fleisches wagt G kaum zu nicken, als Reichert um Zustimmung heischend fragt: „Jetzt erkennt man's gut, gell?" Seine Miene entspannt sich jedoch schlagartig, als Reichert ankündigt: „Gleich legen wir mal ein paar Schnitzel aus der Oberschale auf den Grill."

Wo es eine Oberschale gibt, da kann ihr Gegenstück nicht weit sein, wahrscheinlich sind sie entlang einer gedachten Linie miteinander verbunden. Tatsächlich: „Das hier ist übrigens die Verlängerung der Schweinshaxe. Der Muskel hört ja nicht abrupt da auf, wo wir ihn abgeschnitten haben, sondern geht hier in das sogenannte Unterfrikando oder in die Unterschale hinein. Eignet sich gut zum Braten, wird dann gern kalt dünn aufgeschnitten."

Reichert agiert jetzt wie ein Theaterregisseur auf zwei Bühnenschauplätzen, virtuos wechselt er zwischen dem, was von Amanda übrigblieb, und der Wurstproduktion. Unterdessen wird die Schweineleber angereicht. Reichert gibt sie leicht vorgegart in die Leberwurst, denn so bleiben nach dem Wolfen kleine feste Stücke, die der Wurst Struktur verleihen. Dazu Fettbacke und Schulter („Schulter ist in jeder Wurst") im Verhältnis ein Drittel zu zwei Dritteln. „Wenn ihr wollt, können wir die ohne Phosphat machen, also völlig ohne Zusatzstoffe – das setzt allerdings voraus, dass wir nachher viel mechanische Energie einsetzen, meine Herren! Da muss gemengt werden, als hättet ihr die Schwiegermutter unter den Händen."

Reicherts mediterrane Bratwurst enthält 1,5 Kilo Vorderschinken, 700 Gramm Fettbacken und 300 Gramm Trinkwasser. Gewürzt wird je Kilogramm Masse mit 20 Gramm Kochsalz, je 2 Gramm weißem Pfeffer, Selleriesalz und Knoblauchpaste, je 1 Gramm Muskat, Fenchelsamen und Zitronenabrieb, je 0,5 Gramm Koriander, Kardamom, Ingwer und Oregano sowie mit frischer Blattpetersilie nach Vorliebe.

Wie, Wasser? In der Wurst? Wird also doch gestreckt, wie oft geargwöhnt? Die Münchner „Abendzeitung", investigativ immer ganz vorne dabei, hatte 2012 knallhart aufgedeckt: „In einem 540-Gramm-Wurstpaket von Zimbo etwa stecken 280 Milliliter Wasser. Ein Teil davon ist Eigenwasser aus dem Fleisch. Aber 65 Milliliter hat der Hersteller nachträglich dazugegeben. Noch mehr Wasser enthält ein Bratwurstpaket von Tip: 320 Milliliter, ein Viertel davon Fremdwasser. Vor allem billige Würste sind ganz hübsch wässrig: Um bis zu 14 Prozent sind sie gestreckt."

Reichert dämpft die Empörung: Bis zu zehn Prozent Wasser seien in der Bratwurst durchaus vernünftig, damit sie auf dem Grill nicht gleich das verliert, was ihren Wert ausmacht, sondern erst einmal das Wasser lässt. Eigentlich sehe das Gesetz die „Beigabe von Fremdwasser" zur Bratwurst nicht vor, erläutert Reichert, aber bis zu zehn Prozent würden schon deswegen toleriert, weil Fleisch nicht gleich Fleisch sei. Amanda sei in dieser Hinsicht ein Vorbild, denn obwohl sie nach allen Regeln der Kunst zerteilt wurde, bildet sich kein einziges Pfützchen Fleischwasser auf dem Tisch. Das sei mal so, mal so, sagt Reichert, denn „es gibt nichts, was so lebendig ist wie ein totes Stück Tier".

» Es gibt nichts, was so lebendig ist wie ein totes Stück Tier. «

„Ist das schwäbisch-hällische Schwein eine besondere Qualitätsrasse?" möchte G wissen. „Schon, aber sie machen auch ein besonders professionelles Marketing", sagt Reichert. Die sogenannten alten Rassen seien wieder besonders en vogue – andererseits: dass sie irgendwann nicht mehr gezüchtet wurden, habe ja Gründe. Teils seien die Ausfälle sehr hoch gewesen, teils sei die Qualität sehr unterschiedlich ausgefallen. Deshalb wurden immer stärker standardisierte Schweine gezüchtet – nicht unbedingt romantisch, aber effektiv: „DL, die deutsche Landrasse, ganz hervorragend", sagt Reichert. „Gekreuzt mit einem schönen Düppeler Schwein entstehen sogenannte Hybrid-Schweine, und mit denen sind wir die letzten fünfzig Jahre extrem gut gefahren." Letztlich komme es auf ein ausgewogenes Fleisch-Fett-Verhältnis an und unter diesem Aspekt sei das gehätschelte und schweineteure Kobe-Rind ein Fall für den Tierschutz: „Das hat 30 bis 50 Prozent intramuskuläres Fett, und mir kann niemand erzählen, dass sich ein Rind damit wohlfühlt."

Während sich vor allem die jungen Damen der Bratwurst annehmen, straffen sich die Männer, als Reichert mit einem munteren „Sodele!" zum Grill ruft. Der hat jetzt 300 Grad im Innenraum, ideal für Steaks und das Fledermausstück. „Wie das geht, das wisst ihr, ja?" Die jungen Männer nicken. Sie gehören offensichtlich nicht zu der Sorte Nachwuchsköche, über die der Altmeister Vincent Klink („Wielandshöhe", Stuttgart) im ZDF sagte: „Die wissen nicht, wie man Gulasch macht, die wissen nicht richtig, wie man Schnitzel paniert, weil dort, wo sie gearbeitet haben, das Cordon Bleu auch schon tiefgekühlt ankommt."

Zurück zur Bratwurst. Die gewolfte Fleischmasse ist gewürzt und von kräftigen Händen gut durchgeknetet worden. Jetzt geht es darum, sie in den Darm abzufüllen. „Mechanische Füllmaschinen mit Kurbelbetrieb gibt es seit zwei-, dreihundert Jahren", sagt Reichert – seitdem es möglich war, bestimmte Übersetzungen zu konstruieren. Die Kurbel geht freilich sauschwer. So muss es sich anfühlen, mit kleiner Übersetzung mit einem Hollandrad nach Alpe d'Huez hochzufahren. Während drei Mann die Maschine bedienen – einer kurbelt ruckartig, zwei halten die ganze Apparatur fest – zieht Reichert einen weißlich aussehenden Schweinedarm – „kann bis zu zehn Meter lang werden" – über das Metallröhrchen, aus dem dann die Bratwurstmasse quillt. „Wichtig ist, dass sie locker rauskommt." Reicherts Schweinedarm kommt aus Europa, der größte Exporteur von Schweinefleisch einschließlich Darm sei allerdings China. Kunstdarm sei aber „auch okay", meint er.

Auch D versucht sich an der Kurbel. G zieht die Augenbrauen hoch und wird mit seiner Skepsis Recht behalten. Während D Bewegungen vollführt, die denen eines Hampelmanns an der Schnur ähneln, notiert G knapp: „D an der Kurbel." Damit ist alles gesagt.

Derweil wird das Fledermausstück vom Grill gereicht. Groß ist es nicht, aber wie bei der Speisung der Fünftausend bekommen auf wundersame Weise alle etwas ab. Für einen Moment hätte man eine Schweineborste zu Boden fallen hören, so still ist es, dann setzen Bekundungen des schieren Entzückens ein: „Geil!" – „Sensationell!" – „Der Hammer!" Tatsächlich ist das Fleisch unvorstellbar wohlschmeckend, und das ohne Salz oder Gewürz. Von der ganzen Marinierererei hält Reichert ohnehin nichts. Gutes Fleisch habe eine Aromenvielfalt, die um ihrer selbst willen pur genossen werden sollte. Auch die Stücke von der Oberschale sind von einer selten erlebten Saftigkeit, weil sie nicht wie Schuhsohle durchgebraten wurden. D, noch ganz außer Atem vom Kurbeln, formuliert die uralte Frage: Soll Fleisch, wenn überhaupt, vor dem Braten oder Grillen gesalzen werden oder danach? Hier wissen die jungen Köche Bescheid: Ist reine Geschmackssache. Wer verbrannte Salzkristalle mag, kann vorher salzen – dass das Fleisch deswegen austrockne, ist eine Mär.

Von unerwarteter Duftigkeit ist das gekochte Fleisch des Schweinekopfes, die sogenannte „Maske". Es riecht sauber, rein – ein letztes Mal ziehen wir vor Amanda das etwas unmaskuline Häubchen, das die Hygieneverordnung in der Wurstküche vorschreibt. Das Letzte, das an sie erinnert, verarbeitet Reichert in seinem „Presskopf des Tages", und zwar so: Auf 2,5 Kilo frische Zuschnitte vom Vorderschinken und mageren Bauch kommen 1,5 Kilo durchwachsene und gebrühte Zuschnitte vom Schweinekopf und Kopffleisch sowie ein Liter Kesselbrühe, in der die „Maske" gekocht wurde. Dazu eine Zwiebel, Pökelsalz, weißer Pfeffer, Muskat, Koriander, Selleriesalz, Knoblauchpaste, Piment, Nelken, Kardamom und Ingwer.

Drei Stunden sind vergangen, seitdem Reichert Amanda mit dem Messer zu Leibe rückte. D und G laden sich bei Reichert, der eigentlich keinen Schnaps trinkt, auf einen Obstler ein, um den Schock zu verarbeiten, den ihnen eine junge, aus Apulien stammende Köchin versetzt hat: In ihren allerersten Lehrjahren musste sie zu Hause in der Nähe von Brindisi zwölf Stunden am Tag hart arbeiten, und das für einen Stundenlohn von knapp über zwei Euro.

Nach und nach verlagert sich das Geschehen in den Hof vor der Wurstküche. Die Tische biegen sich unter der Last von Bratwürsten, Merguez, Blut- und Leberwürsten mit Kartoffeln und Sauerkraut. Bald wird über dieser bukolischen Szene die Sonne untergehen. In heiterem Gespräch sind Metzger und Köche, Meister und Lehrlinge vereint, denn geteiltes Schwein ist doppelte Freude.

GESPRÄCHSPARTNER

Thomas Reichert, der Fleischer aus dem Frankfurter Stadtteil Höchst, kann getrost ohne seinen Vornamen auskommen: „Haxen-Reichert" heißt er, das muss reichen. Er führt die Metzgerei, die sein Großvater gegründet hatte, in dritter Generation. Jener Hans Reichert, ein Bauernsohn, war 1931 nach seiner Metzgerlehre als Armutsflüchtling aus dem Hohenlohischen nach Höchst gekommen. Sein Enkel Thomas ist seit 1984 Metzgermeister und führt seit 1991 als Geschäftsführer die Haxen-Reichert GmbH. Außerdem ist er Obermeister der Fleischerinnung Frankfurt-Darmstadt-Offenbach, Vizepräsident der IHK-Frankfurt am Main und Vorsitzender des IHK-Tourismusausschusses. Mit ihm wird irgendwann die Reichert'sche Linie im Betrieb enden, denn seine Kinder haben andere Interessen.

Sechster Gang

„Das kannste essen!“

Der Spitzenkoch Frank Buchholz über das richtige Fleisch, Fernseh- und Sterneköche sowie über Gäste, die sich fälschlich für Feinschmecker halten.

Sie müssen wissen, dass ich einen sechsten Sinn habe, was die Gourmandise angeht. Man könnte mich mit dem Fallschirm über einer mandschurischen Stadt abwerfen. Ich würde, wenn ich etwas essen möchte, genau in das Wirtshaus mit der besten Küche hineintrudeln.
Clemens Wilmenrodt, in den 50er Jahren Deutschlands erster Fernsehkoch (der in Wahrheit Schauspieler war)

Deutschland zwischen Sorge und Gelassenheit

Draußen vor der Glasfront des Restaurants „Bootshaus" im Mainzer Winterhafen zieht Vater Rhein seine Bahn, aus der Küche dringt das anheimelnde Geräusch, das entsteht, wenn jemand Schnitzel flachklopft. Nachdem sie einander versichert haben, wie schön das Leben von Buchautoren doch sei, versinken D und G im Studium der Speisekarte. „Currywurst mit Pommes", liest G vor, Sehnsucht in der Stimme. „Rindertatar mit Wachtelei und Rucola", ergänzt D ergriffen.

Entspannt bis in die unterschiedlich ausgeprägten Haarspitzen warten sie in mit Kuhfell bespannten Fauteuils auf Frank Buchholz, der das „Bootshaus" seit 2011 als Gaststätte führt. „Mainzer Ruderverein" steht an dem eleganten Bau aus Holz und Glas. Was für ein Kontrast zu den landauf, landab gängigen Rudervereinsheimen, die entweder an Mief, Schweiß und Späne denken lassen – oder an piekfeine Ruderclubs, an den Wänden Fotos von Männern der besseren Gesellschaft in dunkelblauen Clubjacken, mit Einstecktuch und Goldknöpfen.

Das luftige „Bootshaus" ist Buchholz' zweites Lokal in Mainz. In seinem ersten, dem 2005 eröffneten „Restaurant Buchholz" im Stadtteil Gonsenheim, war er 2007 mit einem Michelin-Stern und mit 16 Punkten im Gault Millau ausgezeichnet worden. Das hat er inzwischen aufgegeben – warum, davon wird noch die Rede sein.

Der Meister erscheint nicht etwa in der weißen Kochjacke, sondern in kurzen Jeans und im Ringelhemd. „Ich bin Frank ...," – „... und ihr beide habt offenbar den gleichen Friseur", fällt ihm der bisweilen etwas vorlaute D ins Wort. Aus seinem Mund ist das eine Bemerkung ex nihilo, denn wo bei ihm nicht mehr viel sprießt, wallt das Haupthaar den beiden anderen bis auf den Hemdkragen. Buchholz erinnert sich an den Spott, den er sich als Lehrling wegen seiner langen Haare oft anhören musste. „Da habe ich immer zurückgegeben: Meine Haare sieht man im Essen, eure isst man mit."

Was speist der Gast im „Bootshaus"? Für Vegetarier und Veganer ist die Speisekarte ja nicht in erster Linie gedacht. „Ach, das ist wieder so ein Trend", sagt Buchholz. „Ende der 80er Jahre ging das los mit den Vegetariern, da kamen jeden Tag fünftausend dazu." Doch Trend hin, Trend her, er finde das Bewusstsein gut, dass die Leute „mal über die Beschaffung von Lebensmitteln nachdenken". So entspannt sieht er auch die in Mode gekommene Regionalküche. „Vor Tausenden von Jahren hatten die Leute immerzu Kohldampf und waren ständig auf der Suche nach was Essbarem. Und wenn sie was fanden, war das natürlich regional. Deswegen lache ich mich kaputt, wenn Leute glauben, Regionalküche wäre etwas ganz Modernes."

Und wie hält er es selbst mit dem Fleisch? „Nicht jeden Tag, aber wenn ich Fleisch esse, dann möchte ich was Anständiges – und ich will wissen, wo das Tier herkam. Deshalb bin ich auch mit unseren Lieferanten sehr pingelig."

Acht von zehn seiner Lieferanten stammen aus der Region. Warum nimmt er den Salat von dem einen und nicht von einem anderen? „Was zählt, sind Freundschaft und Vertrauen. Mir ist es im Prinzip egal, ob es Bio oder konventioneller Anbau ist. Als ich mit meinem Restaurant in Gonsenheim anfing, war das eine Katastrophe. Da fuhren Bauern im Trecker vor, schauten in meinen Speisekartenkasten, sahen die Preise – und sagten: ‚Das dauert kein halbes Jahr, dann ist der weg.' Ich ging immer und immer wieder auf sie zu, aber sie sagten: ‚Das hältst du doch nicht lange durch.' Den Durchbruch schaffte ich bei einem Kräutergärtner. Den überzeugte ich, eine alte Gelbe-Bete-Sorte wieder anzubauen, und zwar mit dem Argument, für ihn sei das keine große Sache und ich würde mal sehen, was sich verkaufen lässt. Parallel dazu sprach ich mit befreundeten Köchen, damit sie davon auch was abnahmen. Das lief ganz gut, dann ging es weiter mit einer marmorierten Ur-Bete-Sorte, so hat sich das nach und nach entwickelt."

Warum die Rückbesinnung auf alte Sorten? „Weil's schmeckt." Und wie findet man die? „Durch das Gespräch mit alten Leuten, mit älteren Kollegen, auch durch meine Lehr- und Wanderjahre. Ich kenne zum Beispiel Italiener in Kampanien, die machen nur Tomaten für Saucen ein, die schmecken so gut, da kniest du nieder. Und dann kann ich ziemlich stur sein, wenn ich was Anderes will als alle anderen. Wenn du was Besonderes bieten willst, musst du nämlich eine Geschichte drumherum erzählen können."

Ist der Hype um die alten Sorten nicht genau das: Geschichten erzählen? Es gibt ja auch angeblich verkannte, selten gespielte Theaterstücke, dabei gibt es oft gute Gründe dafür, warum die nicht mehr aufgeführt werden, zum Beispiel ihre Mittelmäßigkeit. Und so kann es ja auch gute Gründe dafür geben, dass alte Gemüsesorten irgendwann nicht mehr angebaut wurden. „Das stimmt, aber nur zum Teil", sagt Buchholz. Bestimmte Sorten seien auch deswegen in Vergessenheit geraten, weil eine auf Standardisierung und Gleichförmigkeit getrimmte Produktionsweise sie an den Rand gedrängt habe.

Wie viel Fleisch geht im „Bootshaus" über den Tresen? „Schwer zu sagen. Hundert Mal Currywurst in der Woche? Das ist bei mir eine richtig gute Kalbsbratwurst, die macht mir Uwe, ein Metzger in Koblenz. Dazu gibt es eine Portion Pommes und eine saubere Soße für zwölf Euro. Das hält mancher für zu teuer, der sieht aber gar nicht, dass es eine Kalbsbratwurst ist. Dem versuche ich dann klarzumachen, dass das nicht vergleichbar ist mit der Currywurst, die er an einer Bude am Ku'damm vorgesetzt bekommt."

» Manchmal möchte ich im Supermarkt Hausfrauen schütteln und fragen, ob sie wüssten, was von dem Kilo billigen Hack, das sie kaufen, in der Pfanne überbleibt. «

G, der den sympathischen Glauben noch nicht verloren hat, man könne den Menschen durch Bildung besser machen, versucht Buchholz die Antwort in den Mund zu legen, die segensreiche Arbeit von Ernährungsberatern habe doch sicher dazu geführt, dass die Deutschen heute mehr über Ernährung wüssten. Nicht unbedingt, meint Buchholz. „Sie wissen sicher mehr als vor dreißig Jahren, als ich mit meiner Ausbildung begann, aber zum richtigen Verständnis fehlt noch ganz viel. Ich habe zwar nur einen Hauptschulabschluss, aber ich konnte in der Schule noch wählen zwischen Handarbeit und Kochen einschließlich Hauswirtschaft. Das gibt es heute ja alles gar nicht mehr. Wenn zehn Prozent der Deutschen halbwegs im

Bilde sind, was gute Ernährung angeht, dann ist das hochgegriffen. Manchmal möchte ich im Supermarkt Hausfrauen schütteln und fragen, ob sie wüssten, was von dem Kilo billigen Hack, das sie kaufen, in der Pfanne überbleibt. Klar, es gibt einen großen Markt für Kochzeitschriften, aber die meisten vermitteln in erster Linie Lifestyle."

G: „Meinen deshalb so viele, wenn sie sich einen geilen Weber-Grill leisten, könnten sie auch grillen?"

Buchholz: „Solche Grills sind nicht geil, das sind einfach Blecheimer. Ich gebe auch Grillkurse, in denen fragen Leute nach Nackensteaks. So was esse ich nur, wenn ich kurz vor dem Verhungern bin. Die meisten scheitern ja schon am Feuermachen, dabei brauche ich wie ein Cowboy eigentlich nur Feuer, ein Blech, eine Pfanne – und gutes Fleisch, das ist viel wichtiger als das Instrument. Dennoch ist Barbecue ein Riesen-Lifestyle-Thema. Die Spoga-Messe in Köln, die mal in einem kleinen Raum mit 25 Grills anfing, belegt heute drei Messehallen. Da werden Grills für 8.000 Euro angeboten. Wenn ich das sehe, erschrecke ich und frage mich: Was kann so ein Grill? Spricht der mit mir? Singt der mir ein Lied vor? Nee, echt, es geht nichts über richtig gute Holzkohle. Ich kaufe meine bei einem Köhler im Sauerland, die brennt dann auch richtig."

Dem Einwand, das könne und wolle sich nicht jeder leisten, setzt Buchholz ein „Ja und Nein" entgegen: „Es ist auch eine Frage, was dir wichtig ist. Statt einen Messerschleifkurs bei Manufactum für viel Geld kannst du auch einen Fleischkurs belegen. Und dich dafür interessieren, wo die Sachen herkommen."

G lässt nicht locker: „Hat wenigstens die Flut der Kochsendungen im Fernsehen dazu geführt, dass wir mehr vom Essen verstehen?" Buchholz ist unerbittlich: „Nein. Das Fernsehen produziert diese Kochshows ja nicht, damit wir was lernen, sondern weil das die preiswertesten Sendungen sind, die man sich vorstellen kann: Ein paar Köche – die sind mit wenig zufrieden – ergeben Einschaltquoten auf einem ordentlichen Niveau. Das finde ich aber gar nicht schlimm, denn wir wollen ja nicht belehren, sondern gut unterhalten."

In Fernsehshows, lernen wir daraus, werden also keineswegs Feinschmecker gebacken, allenfalls Topfgucker. Schwer vorstellbar also, dass solche Zaungäste der Kochkunst den hohen Ansprüchen genügen könnten, die vor über 200 Jahren der berühmte Gastrosoph Jean Anthelme Brillat-Savarin formuliert hat. In seinem Grundsatzwerk „Die Physiologie des Geschmacks" hat Brillat-Savarin die Feinschmeckerei zu einer weit überhöhten Lebensform erklärt, als „leidenschaftliche, überlegte und gewohnheitsgemäße Vorliebe für die Gegenstände, welche dem Geschmacke schmeicheln." Exzesse mag der schlemmende Feingeist nicht, „wer sich betrinkt oder eine Unverdaulichkeit zuzieht, wird von der Liste gestrichen".

Für den Gastrosophen sind Feinschmecker das, was man später der Autoindustrie nachgesagt hat: der Motor des Wirtschaftstreibens. „Haufen von Köchen, Pasteten- und Zuckerbäckern" würden durch sie ernährt, dazu Jäger, Fischer, Gärtner und Landbauern. Brillat-Savarin lobpreist, was heutzutage unter ökologischen Gesichtspunkten eher anrüchig wirkt: „In Hinsicht auf die Staatswirthschaft ist die Feinschmeckerei das Band, welches die Völker durch den gegenseitigen Austausch der zum täglichen Verbrauche nöthigen Dinge einigt. Sie lässt die Weine, die Branntweine, den Zucker, die Gewürze, die eingemachten und gesalzenen Speisen, die Vorräthe jeder Art, selbst Eier und Melonen, von einem Pole zum anderen reisen."

Da die französischen Köche zweifelsfrei die Krönung der Schöpfung darstellen, empfiehlt der französische Gastrosoph, die Völker sollten ihnen aus Dankbarkeit „Tempel und Altäre" errichten. Zumal ihr heldenhafter Einsatz am Herd einem göttlichen Auftrag folge – als „unbedingte Unterwerfung unter die Befehle des Schöpfers, der uns anbefahl, zu essen, um zu leben".

Buchholz ist – bis heute hörbar – ein Kind des Ruhrpotts. Hat ordentliches Essen im Elternhaus eine große Rolle gespielt? „Ich bin zwar in Dortmund geboren, aber nach dem frühen Tod meines Vaters lernte meine Mutter einen Italiener kennen. Das war kulinarisch ein Glück und führte dazu, dass ich jedes Jahr sechs Wochen Sommerferien in Apulien verbrachte. Da habe ich essen gelernt. Nicht unbedingt Fleisch, aber Fisch in jeglicher Menge und Zubereitung. Das war einfach geil. So wie ich später förmlich explodierte, als wir das amerikanische Rindfleisch kennenlernten. Das war nicht hormonverseucht, und weil die Amerikaner die Rinder in den letzten drei Monaten mit Mais füttern, wächst das Fett besser ein. Ich werde verrückt, wenn die deutsche Hausfrau immer nur mageres Fleisch will, das ist doch Kokolores. Ich war allerdings noch nie in Argentinien, das will ich demnächst mal ausprobieren."

Da kann G, der Weitgereiste, aushelfen: „Dort fliegst du kilometerweit über Rinderherden, und Argentinier sagen, das Fleisch sei deswegen so großartig, weil die Tiere so gut wie keine Anstrengung hinter sich haben." Dies ausgeführt und im Vorübergehen noch die Vorzüge von Buenos Aires gepriesen habend, lehnt er sich behaglich im Sessel zurück, damit er anstrengungsfrei zuhören kann.

„Das hängt auch von der Rinderrasse ab", sagt Buchholz. „Der Bison, das Urviech, hat kurzfaseriges Fleisch, das schmeckt richtig nach Fleisch. Das teure Kobe-Beef aus Japan ist für mich hingegen nicht akzeptabel, da stehen Preis und Leistung einfach nicht im Verhältnis. Viele europäische Rassen brauchen Anstrengung, damit sie nicht an der falschen Stelle das falsche Fett aufbauen." D spürt, ohne hinzusehen, G's Blick auf seinem Embonpoint.

„Angus-Rinder hingegen sind leicht zu halten, die sind genügsam und stehen einfach rum, deshalb gibt es in Deutschland so viele Angus-Zuchten. Das Charolais-Rind wiederum sieht gut aus, hat aber langfaseriges Fleisch und ich habe neulich zu meinem Sohn gesagt: ‚Das kannste essen, aber ich sage dir gleich, es schmeckt nicht'."

Weil er ahnt, dass G das Thema des anstrengungsfreien Fettaufbaus gern auf ungute Weise vertiefen würde, wechselt D flink das Thema und möchte von Buchholz wissen, wie oft er noch selbst in der Küche stehe. „Hier im Bootshaus gar nicht." Knie und Rücken seien nach der jahrelangen Maloche in der Küche ramponiert. Er gebe in Gonsenheim sechs Kochkurse im Monat, daran habe er Freude, die bereite er akribisch vor. „Wenn ich aber hier in der weißen Jacke stünde, dächten die Leute, im Bootshaus gäbe es Sterneküche, bloß 60 Prozent günstiger. Hier bieten wir aber eine ganz bürgerliche Küche." Zur körperlichen Anstrengung komme der Stress in der Küche. Da werde es schon einmal laut, „da ist jeder anders. Ich würge das raus, es ist wie auf dem Fußballplatz, wo du schon mal brüllst: ‚Jetzt schieß doch endlich, du Sack!'" In einer gutgeführten Küche sei der Ton aber niemals aggressiv.

Und welchen Ton pflegt Buchholz, ein Freund des offenen Wortes, gegenüber seinen Gästen? Da gebe es schon Kadetten, die hätten keinen blassen Dunst von einem wirklich guten Stück Fleisch, hätten aber in ihrem Rotary Club etwas aufgeschnappt und ließen im Restaurant den Kenner raushängen. Oder er stehe seit sechs Uhr morgens in der Küche, um eine anständige Sauce hinzukriegen, und dann wollten ihm Gäste weismachen, sie schmecke nach Maggi. Die könne er nicht so gut leiden. Buchholz formuliert es in seinem Ruhrpott-Zungenschlag noch etwas – sagen wir: prononcierter – aber lassen wir es einmal so stehen. Buchholz wäre aber nicht die ehrliche Haut, die er ist, wenn er nicht auch in Richtung seiner eigenen Zunft deutlich sagte, dass Teile der sogenannten gehobenen Gastronomie schlicht verknöchert sind.

Hat er deshalb seinen Michelin-Stern zurückgegeben? „Du kannst einen Stern nicht zurückgeben, ich habe mein Restaurant zugemacht und damit für mich ein Kapitel abgeschlossen." Wie haben andere Sterne-Köche darauf reagiert? „Unterschiedlich, aber nach meiner Überzeugung laufen viele Sterne-Köche in eine Sackgasse. Die müssten das Ganze mal etwas lockerer angehen, wie es zum Beispiel die Skandinavier machen. Manche bei uns sind so steif, das ist eine Katastrophe." Er habe seinem Servicepersonal immer eingeimpft, nicht hochnäsig zu sein. „Und stellt euch nicht hinter die Gäste und erzählt denen eine Kassette, was auf dem Teller ist. In der Zeit wird nämlich das Essen kalt, und das schmeckt nicht. Wer Ahnung vom Essen hat, will diese Litanei nicht hören, der will anfangen zu essen. Auch dass es in der Sterne-Küche bisweilen nur ein Menü gibt, finde ich unmöglich, das ist ja wie im Hotel mit Halbpension. Wenn du in Frankreich à la carte isst, hast du Auswahl – und du hast s-o-l-c-h-e Portionen, davon essen die dann vier Gänge und trinken noch einen Liter Wein dazu. Und bleiben außerdem schlank dabei. Ich frage mich immer, wie schaffen die das? Welche Tabletten nehmen die?"

»... dass es in der Sterne-Küche bisweilen nur ein Menü gibt, finde ich unmöglich, das ist ja wie im Hotel mit Halbpension.«

Kann man als Koch reich werden? „Kann man. Das war für mich auch eine ganze Weile eine Motivation, aber dann bist du nur in der Tretmühle und weißt gar nicht mehr, wer du bist. Das habe ich irgendwann erkannt, und dann war es auch gut."

D, dessen Großvater Italiener war, versucht seinen Migrationsvordergrund auszuspielen, indem er fragt, was am Verhältnis der Italiener zum Essen anders sei als bei den Deutschen. „Die Italiener und die Japaner sind die einzigen Völker, die ein Verhältnis zum Essen haben, und die italienische Küche ist die Mutterküche Europas. Die Franzosen liefen lange mit einem Topf Wasser ums Feuer und dachten, sie könnten's, haben das Kochen aber erst gelernt, als die Medici-Fürsten aus Florenz an ihren Hof kamen. Ich mag die ländliche französische Küche sehr, aber Italiener und Japaner sind am konsequentesten, wenn es darum geht, drei oder vier Komponenten zu kombinieren, die Sinn machen, mehr brauchst du nicht. Zum Beispiel die Pasta, das ist der Wahnsinn. Wenn du einem Italiener sagst: ‚Hörma, ihr habt zwar vierhundert Sorten Nudeln, aber es ist doch immer dasselbe', dann kriegst du richtig Ärger. Und es stimmt ja auch: Welcher Hartweizengries verarbeitet wird, welche Eier, wenn überhaupt Eier drin sind, welches Quellwasser, darüber machen sich die Deutschen ja gar keine Gedanken. Dabei ist doch Herkunft immer das, was Qualität birgt."

Wo gibt es in Europa im Moment die aufregendsten Innovationen? Für Buchholz ist „Italien nach wie vor der Maßstab. Die Spanier haben wieder erkannt, dass Kochen nicht nur mit Produkten, sondern auch mit Intellekt zu tun hat. Ferran Adrià und die Rocca-Brüder haben gezeigt, was man mit Verarbeitung erreichen kann, auch mit dem Auflösen von Formen. Und sie haben viele junge Köche ausgebildet."

Kann man in Deutschland richtig gut italienisch essen? „In München ja, auch in Hamburg gibt es zwei, drei sehr gute italienische Restaurants. Hier in der Gegend war ‚Da Gianni' in Mannheim lange Spitze, das war Italien pur, hat aber 2015 aufgegeben. In Frankfurt mag ich die Küche von Carmelo Greco sehr. Er ist auch ein sehr angenehmer Kollege. Ihm würde ich mein Kind oder meinen Hund anvertrauen – nicht für das ganze Leben, aber für drei oder vier Stunden. Da musst du bei vielen anderen schon aufpassen."

G überlegt kurz, ob er D Hund oder Kind anvertrauen würde, fragt dann aber lieber nach dem Verhältnis von Köchen untereinander. „Das ist wie bei Sportlern", sagt Buchholz. „Auch Köche sind sehr ehrgeizig, wogegen gar nichts einzuwenden ist. Viele werden aber getrieben von dem Anspruch, unbedingt die Nummer Eins zu werden. Die rennen dann gegen eine Glasscheibe und merken gar nicht, dass die Nummer Eins schon auf der anderen Seite der Scheibe steht. Ich habe das alles sehr genossen und mache vielleicht selber mal wieder ein Restaurant auf, aber wer weiß."

Inzwischen rutscht G schon eine ganze Weile unruhig auf seiner Kuhhaut herum, in ihm arbeitet etwas, und jetzt muss es heraus: „Ist es schon mal vorgekommen, dass sich ein Veganer in deinen Laden verirrt hat?" – „Ja, klar." – G: „Und dann?" – „Gar nix! Der kriegt von mir Nudeln und Salat, aber ein veganes Gericht halte ich nicht vor, nur weil es im Moment ‚in' ist. In meinem Restaurant in Gonsenheim kam es schon vor, dass Gäste ein halbes Jahr im Voraus reservierten und sagten, sie seien Veganer. Ich komme damit klar, aber manche meiner Köche warteten nur darauf, dass ..." (klatscht mit sardonischem Lachen in die Hände).

Unterdessen treffen die ersten Mittagsgäste ein. Es ist ein ganz normaler Wochentag, das Lokal ist mehr als zur Hälfte besetzt.

Als Mittagsmenü für 17 Euro steht auf der Karte: Eisbergsalat mit Sardellen, Kapern und French Dressing, Schweineschnitzel mit Pilzrahm und Kroketten, Lavendelparfait mit Brombeeren.

Empfiehlt der alte Hase Buchholz jungen Leuten, Koch zu werden? „Da habe ich meine eigene Theorie. Meine eigene dreijährige Ausbildung im Wasserschloss in Castrop-Rauxel war sehr gut, ich hatte junge Kollegen aus der halben Welt, die hatten richtig Bock, gut zu kochen. Trotzdem würde ich heute lieber ein Jahr hier und ein Jahr dort arbeiten, und wenn ich dabei viel lerne, fragt nachher niemand mehr nach einer Ausbildung. Da zählt dann, ob du handwerklich sauber arbeiten kannst, ob du sortiert im Kopf bist."

Hat der Koch Frank Buchholz ein Lieblingsfleischgericht?

„Ich kann eher sagen, was ich hasse."

G: „Ist ja schon mal ein Anfang."

Buchholz: „Mettwurst und Grünkohl. Da esse ich lieber gar nix. Ich weiß nicht, was in der Mettwurst drin ist, und Grünkohl ist optisch so unästhetisch wie nichts anderes."

G kämpft tapfer für seine Heimat: „Ich komme aus Westfalen, ich esse das gerne."

Buchholz: „Kann ich mir schon vorstellen, dass dir das in deiner Kindheit eingemeißelt wurde ... Aber sonst bin ich für alles offen, ich esse Herz, Leber, Nieren. Ich finde sowieso, dass Innereien unterschätzt werden. Deshalb habe ich Kontakt zu einem Elsässer Lieferanten aufgenommen, ich will demnächst mal wieder Kutteln anbieten."

D: „Ich komme!"

Buchholz: „Ich habe auch Froschschenkel bestellt, obwohl ich mir das Theater schon vorstellen kann. In Gonsenheim hatte ich Stopfleber auf der Karte, das trug mir Aufkleber ein: ‚Hier werden gequälte Tiere gegessen!' Die habe ich dann immer wieder abgekratzt."

Gibt es einen überschätzten Trend in der Gastronomie?

Buchholz: „Ja: vegan. So, und jetzt essen wir was."

Der willensschwache D ist drauf und dran nachzugeben, aber G drängt zum Aufbruch: „Wir kommen gerne mal mit mehr Ruhe."

Das Leben als Buchautor ist zwar schön, aber bisweilen eben auch harte Maloche.

GESPRÄCHSPARTNER

Der Mann kann seine Herkunft nicht verleugnen: Sobald **Frank Buchholz,** Koch, Buchautor und Fernseh-Koch, den Mund aufmacht, klingt alles ein wenig nach Ruhrpott. In Dortmund wurde er geboren, in seiner Ausbildung bei Franz Feckl, Heinz Winkler und Gerd Käfer ist er konsequent zum Feinschmecker gereift. Die Mainzer Stadtgesellschaft jedenfalls kniete nieder vor dem Mann mit dem wilden Haarschopf: Er war der Koch, der den ersten Michelin-Stern in die Landeshauptstadt gebracht hat. 2007 war das, mit seinem zwei Jahre zuvor eröffneten Restaurant „Buchholz". 2016 hat er sich von dem Feinschmecker-Palast und seinem Stern verabschiedet – er hatte keine Lust mehr „auf diesen Zirkus", sagt er. Stattdessen hat er am Mainzer Winterhafen sein bodenständiges aber qualitätsbewusstes Restaurant „Bootshaus" eröffnet, betreibt eine „Kochwerkstatt", schreibt weiterhin Kochbücher und achtet auch darauf, dass das Fernsehpublikum ihn nicht vergisst. Als erste Position in seinem Lebenslauf allerdings nennt er: Familienvater.

Siebter Gang

Das Erbe der Menschheit

„Ihr grillt im Stadtpark?", fragte mit angewiderter Stimme einer, der seinen mit gehobener Cuisine gemästeten Körper möglichst selten der frischen Luft aussetzt: „Da seid ihr ja ganz unten angekommen." Falsch, der Herr: Wir waren dem Himmel ziemlich nahe. Im Schwanheimer Wäldchen in Frankfurt.

> „Barbecues mögen vielleicht nicht den Weltfrieden bringen, aber sie sind ein Anfang."
> *Anthony Bourdain, amerikanischer Koch, Buchautor und Fernseh-Entertainer*

Wenn drei Männer grillen gehen, ist die ordentliche Ausrüstung schon mal wesentlich. D und G haben sich mit Otto Völker, dem Chef der Binding-Brauerei, verabredet. Herr Völker hat dabei: zwei Kühlboxen, bis oben gefüllt mit Getränken. Eine klappbare Sitzbank. Grillbesteck. Servietten. Einen klappbaren Sackkarren. Einen klapprigen Grill. Gläser. Streichhölzer. Und Besteck. D hat dabei: zwei große Wäschekörbe aus Plastik. Darin: eine Riesenschüssel Taboulé, von seiner Frau zubereitet. Brot. Ein Soßen-Sortiment, vom einfachen Ketchup bis zum extrascharfen Harissa. Ein Töpfchen mit Oliven, die mit Knoblauch und Peperoncino aufgewertet wurden. Servietten. Und Besteck. G hat dabei: eine Kühltasche mit Fleisch. Einen Klapptisch. Einen Klappstuhl. Ein Fläschen Mückenschutz. Einen Sack mit Grillbriketts. Anzünder (Bio!). Grillgitter. Eine weiß-blaue Tischdecke im Partnerlook mit dem Hemd von Herrn Völker. Servietten. Und natürlich Besteck.

G: „Spitzen-Absprache. Da ist ja gar nichts doppelt!"

D: „Sicher ist sicher. Besser, als wenn jemand was vergisst."

G: „Meinst du mich? Du meinst mich!"

D: „Na ja ... Wir werden alle älter."

Herr Völker hantiert an seinem Grill, einem auf drei wackligen Beinen festgezurrten zerbeulten und rußgeschwärzten Blech. Leicht amüsiert schaut er zu G.

Herr Völker: „Ich habe genau gesehen, wie du meinen Grill angestarrt hast. Voller Verachtung!"

G: „Das hast du falsch beobachtet, das Gegenteil ist der Fall. Wenn solch ein Krüppel zwei Weltkriege überstanden hat, dann muss er einfach gut sein. Wer grillt denn hier eigentlich?"

D tut so, als hätte er nichts gehört, und reibt sich mit Autan ein. „Mückenschutz brauche ich nicht", sagt energisch Herr Völker und berichtet von seinem Nachbarn, „ein begnadeter Griller", dem er das Handwerk normalerweise überlässt. Jetzt aber fühlt er sich selbst gefordert. Kaum steht sein betagter Lieblingsgrill leidlich stabil, da sortiert er mit zartem Griff fünf Briketts und vier Öko-Anzünder („komplett kompostierbar, da aus Biomasse") in der Feuerschale. „Der Kohlenflüsterer", sagt D. Er hat sich schon mal hingesetzt, nörgelt aber: „Langsam habe ich Durst." Auf dem Grill flackern bereits die Flammen aus der Biomasse, Herr Völker schleudert einen Bierhumpen durch die Luft. „Fang", sagt er, da prallt das Trinkgefäß auch schon gegen einen Stein – und bleibt heil. „Plastik statt Glas", erläutert grinsend Herr Völker. Ja, diese Bierverleger sind mit allen Wassern gewaschen.

Jetzt erst haben die Gelegenheits-Griller Muße, die Szenerie zu studieren. Der erste Bierbecher ist rasch geleert, danach geht es behäbiger weiter. Das Wäldchen birst vor guter Laune und fremdartigen verlockenden Gerüchen. Überall dampft, qualmt und raucht es. Es ist heiß an diesem Samstagnachmittag, aber das dichte Laub hält einem die Sonne vom Leib. Große und kleine Gruppen umlagern große und kleine Grills. In ummauerten Feuerstellen glühen die Kohlen ebenso wie in einfachen Aluschalen. Frauen rühren in riesigen Töpfen, Salat- und Nudelschüsseln werden herumgereicht. Kinder schießen ihre Bälle hin und her, am liebsten immer in Richtung Grill. Frauen ohne Kopftücher sind in der Minderzahl. Alle schwatzen, rühren in Töpfen, reichen Teller reihum; es wird viel gelacht. „Dort drüben liegt eine Wiese, da ist es auch ganz schön, vielleicht können wir dort nachher spazierengehen", schlägt Herr Völker vor. „Och joh ...", erwidert G gedehnt. Es klingt wie ein Satz mit vier Wörtern, von denen zwei „... käm's noch" lauten.

„Wir sind hier die Minorität", sagt Herr Völker, er flüstert fast. Die Menschen im Grillwald stammen aus aller Herren Länder, türkische Großfamilien vor allem, bunt gewürfelte Betriebsausflügler, arabische und nordafrikanische Studentinnen und Studenten, alleinstehende Männer aus Kroatien, Bosnien und dem Rest des Balkans. „Vielleicht ist es deshalb so schön, wegen dieser Vielvölkerei", bemerkt D – und muss hinnehmen, dass die beiden anderen vor lauter Schauen sein feinsinnig auf Herrn Völker gemünztes Sprachspiel („Vielvölkerei") gar nicht registrieren. G ist weniger versonnen. „Ist der Grill bald so weit?" fragt er, und: „Was sollen wir zuerst essen?" – „Hunger", sagt D; die archaische Essenszubereitung schlägt auch auf die Sprachform. Die Herren verständigen sich auf „ein nettes Vorspeisen-Würstchen": echte Thüringer.

Für die Thüringer Rostbratwurst gibt es ein eigenes Reinheitsgebot. Nur wertvolles Fleisch vom Schwein und Rind darf in den 15 bis 20 Zentimeter langen Naturdarm, statt Speck kommt nur magere Schweineschulter in die Wurst. Außerdem: 22 Gramm Salz pro Kilo, zwei Gramm frisch gemahlener weißer Pfeffer, dazu Macis (Muskatblüte), Kümmel, Knoblauch, Majoran, manchmal auch Zitrone, Koriander und Paprika in regional unterschiedlicher Mischung. Konservierungsstoffe dürfen nicht hinein. Die Thüringer Bratwurst, jubiliert eine Fan-Seite im Internet, ist „neben den Thüringer Klößen ein wichtiger Beitrag Thüringens zum kulturellen Erbe der Menschheit. Was bleibt, wenn alle Burgen, Schlösser, Landschaften, Bücher, Filme und Gemälde, Musik und Kunstgewerke sich durch den Zeitenwandel verändern und mitunter auch verschwinden?"

» Die Thüringer Bratwurst ist ein wichtiger Beitrag zum kulturellen Erbe der Menschheit. «

Na klar, die Wurst, in die schon Goethe, Schiller, Herder und Wieland gebissen haben sollen. Die Wurst der Würste wird durch eine EU-Verordnung geschützt, erste Erwähnungen glauben die Wurst-Historiker schon auf vergilbten Bestellzetteln aus dem frühen 15. Jahrhundert entdeckt zu haben. Tausende von Tonnen Wurstmasse werden Jahr für Jahr auf die Grills gehievt, einen Großteil verzehrt der Thüringer Menschenschlag wohl gleich selbst: Hier wird für das Angrillen der 1. Januar empfohlen. Die Internet-Fan-Seite rät zu einem Senf aus der DDR. Die drei Herren indes haben „Braumeister-Senf" dabei, eine mit

Gerstenmalz aufgebesserte heimische Spezialität. Schmeckt auch.

Herr Völker hat einen leidlich schief hängenden Rost auf seinen Grill geschoben. G zieht triumphierend sein silbrig glänzendes Grillgitter hervor, „das ist doch vertrauenerweckender!" Die Würstchen liegen nun eingeklemmt in dem Gitter und rösten vor sich hin. Die Herren blicken hungrig, durstig freilich bleiben sie auch. Herr Völker schüttet Mineralwasser in die Humpen, „zum Ausspülen", dann kommt eine neue Biersorte. Binding, Indra, Progusta und Carolus Der Starke wechseln einander ab, bevor es wieder von vorne losgeht. Die Ansprüche einer vor sich hintrinkenden Grillgruppe an den Geistesgehalt der Gespräche sinkt rapide. Dann sind die Würstchen auch schon braun und knusprig. G klappt das Grillgitter auf, D soll die Würstchen auf Papptellern verteilen – kabumm!

G: „Auch das noch. Das war's wohl mit der Wurst."
D: „Ist doch nur meine."
G: „Die kannst du aber nicht mehr essen."
D: „Wieso? Ist doch guter Waldboden, Muttererde!"

Der Verdauungstrakt des Grillers muss ein Abfalleimer sein. D klopft den Humus von seiner Wurst und befindet wie die beiden anderen Herren: „Schmeckt super!"

Im Grillwald ziehen die ersten Menschengruppen gesättigt von dannen, Neuankömmlinge schleppen ihre Ausrüstung herbei. Gleich nebenan lassen sich Mitarbeiter der EZB auf Bierbänken nieder. Banker sind keine dabei, aber die jungen Herren haben ihren eigenen Koch angeheuert: den Serben Alexander aus Offenbach. Er wendet auf einem großen Rost Lammkoteletts hin und her, „das Fleisch ist vom Araber", sagt er; es klingt nicht sehr begeistert.

Auf dem Drei-Männer-Grill werden jetzt dicke T-Bone-Steaks versengt. Die aus dem ganzen Roastbeef geschnittenen Fleischbrocken haben ihren Namen von dem T-förmigen Knochen, sind idealerweise vier Zentimeter dick und mindestens 600 Gramm schwer. G wendet das Grillgitter unermüdlich hin und her. „Totes Tier und kaltes Bier", dichtet D. Er befreit eine Schüssel von ihrer Abdeckung und präsentiert die Kochkunst seiner Frau: Taboulé, ein aus der libanesischen und syrischen Küche stammender Couscous-Salat mit glatter Petersilie, Tomaten, Frühlingszwiebeln, Olivenöl und frischer Pfefferminze. „Das esse ich in den heißen Monaten äußerst gern", schwärmt D. Die Männer gabeln den exotischen Salat herunter wie nix. „Jetzt passen wir doch gleich viel besser zu den übrigen Volksstämmen hier", analysiert G halbwegs glasklar. Herr Völker säbelt fürsorglich das Fleisch von den Steak-Knochen. Die Männer mampfen, eine sentimentale Stimmung macht sich breit. Durch die Bäume blitzt das satte Grün jener sonnenbeschienenen Lichtung, die der in dieser Hinsicht naive Herr Völker für einen Spaziergang vorgesehen hatte. Zwei Wachleute in schrillgelben Warnwesten stehen lustlos am Wegesrand, sie würden wohl auch lieber am Grill hocken. An der Wasserstelle spülen Frauen in Wickelkleidern ihr Geschirr. Ein Junge inspiziert hochmütig den Grill der drei Männer. Insekten surren umher. Überall im Grillwald trinken die Menschen Wasser. Die drei Männer bleiben beim Bier. Eine süßliche Wolke schwebt vorbei. „Da kiffen welche", befindet Herr Völker geschmackssicher. D und G heben witternd die Köpfe. Irgendwo haben sie sowas auch schon mal gerochen.

D: „Funktioniert großartig, dein Grill. Wollte ich mal sagen."

G an Herrn Völkers Adresse: „Du brauchst deinen Nachbarn, diesen Supergriller, gar nicht. Uns natürlich erst recht nicht."

Herr Völker: „Schon gut. Ehrlich gesagt, finde ich solche Grills ehrlicher als diese High-Tech-Geräte. Das hier ist handgemacht. Es darf auch mal anbrennen, und qualmen. Wenn die Flammen hochschlagen, wird mit Bier gelöscht."

G: „Gibt es dafür eigentlich eine ideale Biersorte?"

Herr Völker: „Mir haben Experten berichtet, dass Bockbier fürs Löschen am besten geeignet sei. Und zwar, wenn es bereits einige Monate alt ist!"

Er reckt dazu eine Flasche mit goldfarbenem Etikett himmelwärts, „Carolus Der Starke Doppelbock".

D: „Schütt es lieber ins Glas als auf die Kohlen. Nochmal zu den Luxus-Grills: das ist doch was für Weicheier. Wir grillen, weil wir das Ursprüngliche erleben wollen. Die Aromen müssen einem die Nasenflügel kitzeln, es muss brennen und qualmen und knistern. In diesen sensiblen neuartigen Grills qualmt und knistert nichts."

G: „Ganz deiner Meinung. Ich habe einen Thüros-Grill aus dem vergangenen Jahrhundert daheim. Da sitzt der Kohlenrost oberhalb eines Kamins. Unten wird die Luft vom Kaminschacht angesaugt und bläst oben die Glut an. Simpel und effektiv. Und unkaputtbar."

So klaffen die Welten auseinander. Während die einen sich dem Neandertal so nah wie möglich fühlen wollen, möchten die anderen auch beim Grillen ihre Gourmetansprüche warmhalten. Der Grill wird zum Statussymbol. Für viele sind die Gerätschaften von Weber das Maß aller Dinge. Schwarze oder knallrote elegante Kugeln, unter deren Deckeln das Fleisch so behutsam vor sich hinsimmert wie in der Luxusküche. Der Weber-Griller kettet sein Gerät besser auf dem Balkon an, weil die teuren Brutzelanlagen zur beliebten Klauware aufgestiegen sind. Weber lässt den Griller keinen Augenblick allein: Von der Schürze über das Grillbesteck, von den Kohlen bis zu den Anzündern, von den Holzplanken über das Aroma verbessernde Hickory-Holzschnipsel bis hin zur famos gestylten Grill-Anleitung kann man sich ordentlich und kostenpflichtig aufwebern. Beim Grill darf man dann aber auch nicht das Sparbrötchen geben; wer richtig Anerkennung sucht, sollte sich für einige Tausend Euro eine komplette „Outdoor-Küche" zulegen, das macht was her.

Die Mutter aller Weber-Grills ist die Kugel. George A. Stephen hat sie erfunden, Anfang der 50er Jahre, als in den USA die Grills noch aus Stein gemauert waren und damit unvergänglicher als viele in Leichtbauweise hochgezogene Südstaaten-Bungalows. Aus dem Unterteil zweier Bojen soll der Tüftler die heiße Kugel zusammengefügt haben, ein Nachbar soll ihn darauf aufmerksam gemacht haben, dass er für die Luftzufuhr noch ein paar Löcher in den Deckel bohren musste – fertig war's. Mit seinem patentierten Grill stieg Stephen als Teilhaber in die Firma Weber ein, bei Show-Veranstaltungen vor Eisenwarenläden brachte er seinen Grill unters Volk. Hatte er ein Lieblingsrezept? Fragte der deutsche Journalist Boris Radczun den Stephen-Sohn Jim. „Exzellente Rippchen", erzählt der, „Chicago-untypisch mit viel Ananas in der Marinade. Seine Firma hat er vererbt, aber das Rippchen-Rezept war so geheim, das ist verlorengegangen." Schade drum, aber die Firma ist ja auch schon mal was: Weber-Stephen, der größte Grill-Konzern der Welt, hat Niederlassungen in 60 Ländern und verkauft mehrere Millionen Grills im Jahr.

Allerdings hat sich der Grill-Yuppie auch schon wieder weiterentwickelt, der Ärmste muss ständig nachrüsten, um ganz oben mitgrillen zu können. Der derzeitige Hit ist ein Gerät, das mittels eines Gas-Keramik-Strahlers eine Hitze von 800 Grad Celsius entfachen kann. Diese „Urknall-Hitze", wie der Hersteller seinen Raketenofen preist, karamellisiert die Außenhaut jeder Fleischsorte in Sekundenschnelle – ein Steak braucht in dem Hitze-Turbo nur noch anderthalb Minuten, um von jeder Seite knusprig und innen saftig zu sein. Damit kommen sie den Idealvorstellungen eines deutschen Grillvereins schon recht nahe, der auf seiner Webseite postuliert: „Die Philosophie des Grillens besteht darin, das Wesentliche zu verfeinern und das Unwesentliche zu verbrennen!"

» Die Philosophie des Grillens besteht darin, das Wesentliche zu verfeinern und das Unwesentliche zu verbrennen! «

Wenn am 4. Juli, dem „Independence Day", auf dem größeren Teil des nordamerikanischen Kontinents der Rauch aus abermillionen Kohlenfeuern die Öko-Bilanz der USA verfinstert, übersehen viele weißhäutige Fleischerhitzer geflissentlich, dass sie diese amerikanische Art der Essenszubereitung Volksstämmen zu verdanken haben, die nicht wirklich wohlgelitten waren „in the Land of The Brave and the Free": Sklaven und Indianern. Die indigenen Völker brutzelten schon Fleisch auf Erdfeuern, als die weißen Eindringlinge noch Eintöpfe aus großen Kübeln löffelten, als sie sich in der „Neuen Welt" breitzumachen begannen. Viele aus Afrika zwangsimportierte Sklaven konnten wenigstens eines mitbringen – die Erinnerung an „babbake". So wurde in den Stämmen der Hausa das „große Feuer" genannt, auf dem vom Maiskolben bis zum Hühnchen alles so lange den Flammen ausgesetzt wurde, bis es genießbar war. Feuer, Fleisch und scharfe Gewürze – das Grillen war in den Südstaaten die Essenszubereitung der Rechtlosen. Vor allem Nord- und Süd-Carolina gelten als Wiege des Barbecues. Der schwarze Bürgerrechtler Bobby Seale, Mitbegründer der radikalen Black-Panther-Bewegung, hat dem harmlosen Grillfest eine geradezu historische Bedeutung zugewiesen: „Weil Barbecue so fest im Süden verwurzelt ist, war es Teil der Segregation und half, sie zu besiegen." Als die Afroamerikaner Ende des 19. Jahrhunderts in den Norden der USA zogen, nahmen sie das Barbecue mit.

Jetzt raucht der Rost im ganzen Land. Als die Kochbuch-Autorin Sheila Lukins vor 20 Jahren ihr als Standwerk gerühmtes „USA Cookbook" veröffentlichte, nahm sie an vielen Orten an den Feuerstellen Platz. In den Black Hills von South Dakota kam Bisonsteak auf den Rost, „nahrhaftes Fleisch, frei von Hormonen, Steroiden und Antibiotika". Plattgedrückte Wildhühnchen in Santa Fe, mit Chili angeschärfte Hähnchenbrust bei der San Antonio Fiesta, in Tabasco ertränktes Ribeye-Steak in Louisiana. In den Südstaaten, schreibt die Amerikanerin, sei das Barbecue noch immer eine bitter ernste Angelegenheit. Als Beilagen müssen Pommes frites, Maiskolben, Salate, Maisbrotfladen und gebackene Bananen bereitliegen, als Vorspeise wird gern „Brunswick Stew" gereicht, ein Gemüseeintopf mit Fleisch von

Hühnchen, Kaninchen und Eichhörnchen. Derweil brutzelt das Fleisch, komplette Schweine, Hammel, Zicklein, Hähnchen. Kurzgebratenes gibt es demzufolge im Süden selten. Sheila Lukins: „Kohle oder Propan sind bei echten Barbecues verpönt. Das Fleisch muss bei geringer Hitze (nie über 120 Grad Celsius) über Hartholzfeuer, zum Beispiel Apfel-, Eichen- oder gar Pekanholz, langsam, das heißt bis zu 12 Stunden, garen." Ob die drei Herren im Schwanheimer Wäldchen jemals so viel Geduld aufbrächten?

G: „Ist Grillen eigentlich Männersache?"

Herr Völker: „Na klar. Ich habe noch keine Frau erlebt, die gerne grillt."

D: „Vielleicht lässt man sie einfach nicht."

Herr Völker: „Ich glaube, die wollen nicht. Die akzeptieren dieses letzte Stück Männerherrschaft."

Auch dem Kulturanthropologen Gunther Hirschfelder schwant, dass der Grill eine der letzten Verteidigungslinien im Geschlechterkampf ist. „Für den Mann", sagt er, „ist das Grillen eine Art postmoderner Reflex. Im Zuge der Emanzipation der Frau hat er evolutionäre Rechte eingebüßt. Machtverlust bedeutet immer auch ein Trauma. Im Grillen hat der Mann ein Refugium." Da lebt er wieder auf, der ursprüngliche Kerl. Der Geruch von Feuer und Rauch und der Geschmack von verkohltem Fleisch kitzeln steinzeitliche Instinkte hervor – und schon gibt er die Grillzange nicht mehr her.

D zeigt keinerlei Neigung, den Steinzeitmann zu geben, nickt aber versonnen. „Was essen wir jetzt?", fragt er. G rät zu Bauernbratwürsten. So kommt es auch. „Kleine Pause", sagt Herr Völker, „wir brauchen mehr Glut." G unternimmt einen kurzen Ausflug in die Nachbarschaft. Auf einem Ständer steht eine dampfende Paella-Pfanne, angefüllt mit einer bunten Reisspeise. „Was ist das?", fragt G. „Musst du den dahinten fragen, den Alexander", sagt der Mann an der Pfanne. Unsere Nachbarn grillen nicht selbst, die essen nur. Herr Alexander wischt sich seine Hände am hemdenfreien Bauch. „Djuvec-Reis ist das", sagt er, „nach Rezept von meiner Oma. Bester Djuvec-Reis der Welt!" Wenig später bringt er dem Trio am Grill eine Kostprobe. „Phantastisch", sagt D. Paprika, Tomaten, Zwiebeln, ein Zauberwald an Gewürzen machen Omas Djuvec-Reis zu einer Köstlichkeit. Herr Völker reicht Herrn Alexander eine Flasche Bier, ein Carolus. Alexander tritt zur Seite, trinkt – und kommt sofort zurück.

Herr Alexander: „Das Bier schmeckt scheiße."

Herr Völker: „Carolus. Das ist nur was für starke Männer."

Herr Alexander: „Hör auf. Das ist doch süß. Mädchenbier."

Herr Völker: „Wenn du das deiner Frau gibst, haut sie dich um."

Herr Alexander: „Hör auf. Bier ist Bier und Frau ist Frau."

Herr Völker: „Glaub mir, ich verstehe was von Bier. Das hier ist nur was für Kerle, die was vertragen können."

Herr Alexander: „Wirklich? Okay, ich trink's ..."

Schon ist die neue Lage Würstchen braungebrannt. D hat wieder seinen Einsatz: Er holt die Würste einzeln vom Grillgitter – seine fällt erneut aufs Erdreich. „Macht doch nichts", sagt D, aber dieses Mal ist G schneller, grabscht sich das mit Waldboden panierte Würstchen und wirft es im hohen Bogen in einen Abfallkübel. „Das war doch wirklich nicht nötig", sagt D, „wir sind doch hier nicht empfindlich, oder?"

Das könnte man natürlich werden, wenn man den Warnungen verfällt, die jeden Grillgang begleiten. Die giftigsten Zutaten zu angekokeltem Fleisch sind nach landläufiger Auffassung krebsfördernde Stoffe, die zum Beispiel entstehen, wenn Fett in die Glut tropft oder das Grillgut schwarz verkrustet. Der österreichische Ernährungswissenschaftler Christian Putscher allerdings rechnet vor: „Man müsste umgerechnet 50 Kilogramm verkohltes Hühnerfleisch essen, um so viele Gifte aufzunehmen wie mit einer einzigen Zigarette." Der beim Verbrennen entstehende Krebsstoff Benzopyren macht sich in der Zigarettenglut genauso breit wie in der Grillkohle, aber auch beim Rösten von Kaffeebohnen. Das Grillen, so eine stille Übereinkunft der drei Männer, muss man sich durch das bisschen Krebsgefahr nicht verleiden lassen – zumal man das Teufelszeug mit Senf und scharfen Gewürzen entschärfen kann. Eine Mischung aus Rosmarin und Thymian soll am besten wirken, aber auch das Bestreichen mit Starkbier.

Laut einer an der Universität Missouri vorgelegten Studie lauern die Grill-Gefahren sowieso ganz woanders – in der Drahtbürste. 1.700 Unfälle am Grill waren von Medizinern untersucht worden, 500 Opfer mussten in die Notfallaufnahme eingeliefert werden. Ihr Fehler: Sie hatten ihre Grills mit Drahtbürsten gereinigt. Die Metallborsten brachen heraus – beim nächsten Gang steckten sie im Fleisch. Und beim nächsten Biss bohren sie sich gerne mal in Mund und Rachen. Ein vorsichtiger Blick: Herr Völker hat keine Drahtbürste dabei.

G: „Geht's jetzt weiter mit dem Grillgut?
D: „Ich bin satt."
G: „Sollen wir das restliche Fleisch etwa in die Tonne treten?"
Herr Völker: „Auf keinen Fall. Was gibt's denn?"
G: „Entrecôte."
D: „Bin dabei."

Wenn die Sonne zu wärmen beginnt, ist „Deutschland im Glutrausch", wie der Fernsehsender N24 vermerkte. In Gärten, auf Balkonen und Terrassen qualmt und brennt es, dass es nur so knackt. Das bleibt natürlich auch der Juristen-Zunft nicht verborgen; es gibt Klagen, Verbote, Gebote zuhauf. Wer gegen ein Grillverbot im Mietvertrag verstößt, riskiert eine fristlose Kündigung. Und wenn der Grillqualm den Nachbarn unangenehm in die Nase beißt, ist schnell Schluss mit dem Kohlenspaß. Deutsche Gerichte sind sich allerdings gänzlich uneins, wieviel Grillspaß denn auf deutschen Balkonen erlaubt ist. Dreimal pro Jahr zwei Stunden, sagt das Landgericht Stuttgart. Einmal monatlich, sagen die Kollegen in Bonn. Nicht nach 22 Uhr, verfügt das Oberlandesgericht in Oldenburg. Und das Münchner Landgericht hält sich alle Optionen offen: Solange sich kein Nachbar beschwert, gilt die Regel: „Feuer frei". Am besten scheint, man lädt gefährliche Nachbarn einfach ein. Oder man trägt seinen Grill in einen Park. Da wird des Grillers Freiheit nicht ungebührlich beschnitten.

„Habt ihr schon gemerkt?", fragt D unverhofft und zupft an seinem Strohhut. „Was?", fragt G. „Hier ist keine Musik!" Das ist wahrhaftig ein Vorteil gegenüber deutschen Freibädern und Badeseen, wo auf jedem zweiten Handtuch eine Soundanlage wummert. Hier wummert nichts, hier knistert es und summt und lacht es, ein Erholungsurlaub für die Ohren. So entgeht den Herren freilich auch eine Hymne, die die schräge Männer-Combo „Eure Mütter" aus Stuttgart der Freiluft-Kochstelle dargebracht hat. Ein Textauszug:

Grillen! Grillen!
Totes verbranntes Tier
Grillen! Grillen!
Großzügig begossen mit Bier
Brutzeln mit eisernem Willen das ist
Grillen! Grillen!
Kohlen drunter und Männer dahinter
Grillen! Grillen!
Geil im Sommer fast geiler im Winter
Hätt' ich die Wahl zwischen Saufen und Chillen
Ich tät grillen

Im Wäldchen zieht schon die Dämmerung auf, die immer noch schlotenden Feuerstellen vernebeln zusätzlich die Luft. Einige Türken sitzen auf großen Teppichen, die sie unter den Bäumen ausgerollt haben. Mediterrane Stimmung. „Könnte ruhig noch ein bisschen exotischer sein", sagt D. „Die Leute grillen ja auch nicht anders als wir!" Ja, wenn doch ein paar Mexikaner hier wären, die hätten erst mal ein Loch in den Waldboden gebuddelt.

Große Steine nach unten, darüber Brennholz und darauf das marinierte Fleisch. Das glühende Erdfeuer wird mit Bananen- oder Agavenblättern abgedeckt, die gibt es freilich in Frankfurt nicht an jeder Straßenecke. Danach können sich die südlichen Nachbarn der USA vier bis sieben Stunden dem Tequila widmen, dann erst ist das Essen fertig. Oder wie wär's wohl, wenn ein paar Karibik-Bewohner ihre bunten Ölfässer unter unsere Buchen stellen würden? Drinnen brennt das Pimentholz, auf dem Rost kokeln aufgeklappte komplette Hähnchen. Oder wenigstens könnten doch ein paar Gauchos hier einreiten und eine vollständig mit Chimichurri eingepinselte Kuh am Grillkreuz vor die Glut hängen ...

Stattdessen: zivilisiertes, ganz normales Entrecôte. Das Fleisch liegt schon wieder über der Glut, G schneidet derweil eine kühle Orange in Schnipsel und träufelt Rum von den Bahamas darüber. Die Männer nuckeln verzückt an den Obstscheiben. Herr Alexander tritt wieder herbei. „Das nicht", sagt er, zeigt auf die Orange und stellt mit aller Diskretion, zu der er fähig ist, einen Plastikbecher auf den Klapptisch. G schüttet ihm was ein. „Schmeckt auch scheiße", sagt Herr Alexander, „das ist alles süß. Taugt nichts. Slibovic müsst ihr trinken, das ist was Genaues. Aber nicht die Brühe aus Kroatien oder Bosnien, sondern echten serbischen Slibovic. Du erkennst ihn an der gelben Farbe. Mmmmh." Er streicht sich abermals über den Bauch. Serbien, Kroatien, Bosnien – auf einmal weht ein Hauch von Balkankonflikt durch das Schwanheimer Wäldchen. Wenn diese Völker sich noch nicht einmal beim Lieblingsschnaps einigen können! Ein Kroate tritt hinzu; Alexander, der Koch, hat ihn als Hilfskraft dabei. „Ich probiere", sagt er und zeigt auf die Rum-Flasche. Er probiert. Sein Gesicht verklärt sich. „So gut", sagt er, „so herrlich!" Herr Alexander schüttelt fassungslos den Kopf.

Die Kohlen glühen, das Entrecôte hat sich seinem Schicksal ergeben. Drei bis vier Minuten pro Seite wird diesen feinnervigen Rindersteaks von kundigen Köchen Zeit gegeben, bis sie so sind, wie sie sein sollen: außen knusprig, innen bluttriefend. Aber die Minuten verrinnen, die Männer sind mit sich selbst und der zunehmenden Verzauberung des Grillwaldes beschäftigt. Eine Viertelstunde, eine halbe vielleicht. „Was ist denn jetzt mit dem Entrecôte?" fragt D. G springt auf und befreit das traurige Fleisch aus dem Grillgitter. Salz, Rosmarin und Pfeffer retten auch nicht mehr, was unrettbar verloren ist. Die Männer mümmeln tapfer, Herr Völker will was Aufmunterndes sagen: „Man merkt aber noch, dass das ein gutes Fleisch war." Der Abfallkübel lauert, aber er hat keine Chance. Auf dem Grillplatz wird gegessen, was auf den Pappteller kommt. Jetzt sind die Männer ihren Steinzeitvorfahren doch wieder ganz nah. „Hat jemand Zahnstocher dabei?", fragt einer. Wussten wir doch, dass wir irgendwas vergessen hatten!

GESPRÄCHSPARTNER

Otto Völker stammt aus dem badischen Elzach, einer Hochburg der alemannischen Fastnacht. Schon früh reifte sein Entschluss, in der Hotellerie zu arbeiten. Er begann seine Ausbildung im „Frankfurter Hof" in Frankfurt, holte das Fachabitur nach und belegte berufsbegleitend ein Studium in Heidelberg, das er als Betriebswirt abschloss. Der ersten Station bei der Steigenberger-Gruppe folgten Aufgaben bei Kempinski und bei Ramada-Renaissance. Dass er 1988 ein Angebot ausschlug, ein Hotel in Kuweit zu führen, war sein Glück, denn es wäre das Hotel gewesen, das der irakische Diktator Saddam Hussein 1990 besetzen ließ. Völker machte seinen beruflichen Weg stattdessen bei der Binding-Brauerei: Gastronomie-Außendienst, Produktmanager für die Marken Clausthaler, Schöfferhofer und Selters, Verkaufsdirektor, Regionaldirektor in der Radeberger-Gruppe. Seit Mitte 2005 ist er Vorstand der Frankfurter Binding-Brauerei AG.

Achter Gang

Jesus hat Fleisch gegessen

Durfte er das? Muss ein Christ nicht mit Obst und Gemüse vorliebnehmen? Und was ist eigentlich von der Fleischeslust zu halten? Eine Begegnung mit dem Kapuziner Bruder Paulus Terwitte.

> Was steht ihr und legt die Hände in Schooß?
> Die Kriegsfuri ist an der Donau los,
> Das Bollwerk des Bayerlands ist gefallen,
> Regensburg ist in des Feindes Krallen,
> Und die Armee liegt hier in Böhmen,
> Pflegt den Bauch, läßt sich's wenig grämen,
> Kümmert sich mehr um den Krug als den Krieg,
> Wetzt lieber den Schnabel als den Sabel,
> Hetzt sich lieber herum mit der Dirn,
> Frißt den Ochsen lieber als den Oxenstirn*.
>
> Aus der Wutrede des Kapuziners in Friedrich Schillers Wallenstein. Mit dieser Ansprache wurde der Begriff Kapuziner-Predigt geboren.
> **Oxenstirn ist eine Anspielung auf Axel Oxenstierna, schwedischer Reichskanzler und Stratege im Dreißigjährigen Krieg*

Bruder Paulus: „Ich möchte einfach mal erzählen, wie ich zu meinem vegetarischen Leben gekommen bin. Ich mache seit 30 Jahren schon eine Heilfastenwoche, von Aschermittwoch an fünf bis zehn Tage nichts essen, Wasser trinken, entleeren … Vor drei Jahren habe ich am Ende dieser zehn Tage in einen Apfel gebissen und mir dabei überlegt: Was will ich mir eigentlich in Zukunft hineinpfeifen in meinen Körper? Während der Fastenwoche hatte ich ein neues Buch eines Naturheilkundlers gelesen, der dargelegt hat, was geschieht eigentlich im Körper bei der Verdauung, welche Arbeit hat er zu leisten, wie verarbeitet er all diese Fette und ungesättigten Fette ... Da ist mir plötzlich bewusst geworden: Auf gar keinen Fall möchte ich so weiterleben. Auf gar keinen Fall mehr Geschmacksverstärker, auf gar keinen Fall mehr Convenient Food, auf gar keinen Fall mehr Schokolade, auf gar keinen Fall mehr weißen Zucker. Dann habe ich mir einen Smoothiemaker angeschafft und für die Klosterküche einen Vitamix mit 2,2 PS, und habe dann mit Freude begonnen, Gemüse und Säfte zu machen, Getreide zu schroten, Tee statt Kaffee zu trinken. In der Kleinmarkthalle habe ich plötzlich gesehen, was es alles für Gemüsesorten gibt – ich komme ja aus einem Gemüsehändler-Haushalt, aber das hatten wir zu Hause alles gar nicht. Da gab es 75 Kohlrabi und Wirsing und die übrigen bekannten Sorten. Ich koche selbst auch gern, komme normalerweise allerdings nicht dazu, außer im Urlaub. Dafür habe ich vegetarische Kochbücher studiert. Ich habe bemerkt, dass es mir Spaß macht, mich damit auseinanderzusetzen, was ich essen will und was nicht."

Osterüberraschung bei Veganern

Morgens um 6 Uhr geht er seit anderthalb Jahren ins Fitness First im My Zeil, „das ist ja praktisch über unserem Kloster", erst schwimmt er in dem 20 Meter langen Pool, dann bewegt er sich an den Geräten. Man sieht es ihm an: Bruder Paulus ist schlank geworden, fast könnte man sagen: drahtig. Er ist „Guardian" (Oberer) im Kapuzinerkloster Liebfrauen in Frankfurt, er ist berühmt für seine sprachgewaltigen Predigten. Sein „Orden der Minderen Brüder Kapuziner" ist ein franziskanischer Bettelorden, der sich in besonderer Weise für Randgruppen, darunter auch Obdachlose, engagiert.

Die drei Männer sitzen im „Ginkgo", einem Restaurant in der Berger Straße in Frankfurt. Vegetarisches, Veganes und Fleisch sind hier einträchtig auf der Speisekarte versammelt. Gegenüber wummern Baumaschinen, es ist heiß. Bruder Paulus trägt die traditionelle braune Mönchskutte, „das ist ja hier ein offizielles Gespräch", sagt er, „da muss man Respekt bezeugen". – „Wird das nicht heiß unter diesem Stoff?", fragt G. „Woher kommt es wohl", fragt Bruder Paulus zurück, „dass in heißen Ländern Frauen wie Männer nur stark verhüllt ins Freie treten?" Die Herren bestellen. Wasser mit Minze und Limette, danach trinkt der Bruder Weißbier ohne Alkohol, D Bier ohne Alkohol, G eine große Apfelschorle. Zu essen nehmen alle das Gleiche: Blumenkohl mit Curry.

Bruder Paulus: „Ich lebe jetzt bewusster. Unsere italienische Köchin im Kloster musste anfangen, für mich vegetarisch zu kochen. Ich habe ihr eigens zwei italienischsprachige vegetarische Kochbücher besorgt. Natürlich werde ich beobachtet. Neulich war ich zu einer Namenstagsfeier beim Fisch-Franke, und alle fragten erstaunt: Was, Fisch geht auch nicht? Was isst du denn dann hier?"

G: „Haben Sie die Klostergemeinschaft missioniert, es ihnen in Sachen Ernährung gleichzutun?"

Bruder Paulus: „Nein, das ist einer meiner eisernen Grundsätze, ich weiß, wie ich leben will – und habe nicht die Absicht, mich bei den anderen einzumischen. Ich missioniere nicht, aber ich weiß auch, dass man als Vegetarier immer noch auffällt. Bei den vielen Veranstaltungen, auf denen ich auftrete, gibt es ja häufig dieses Fingerfood. Da muss man schon sehr genau hinschauen, um etwas Geeignetes zu finden."

D: „Nun ist es einem Gottesmann ja nicht ganz fremd, bekehren zu wollen. Aber in der Frage der Ernährung sehen Sie davon ab?"

Bruder Paulus: „Sie wissen ja, wie das ist mit der Bekehrung: Wer in der Wahrheit ist, muss ja nicht dafür sorgen, dass die Wahrheit sich durchsetzt. Die setzt sich von selber durch."

D: „Das Fasten hat ja nicht nur eine physische, sondern auch eine spirituelle Dimension. Ich selbst habe auch schon gefastet; am zweiten oder dritten Tag bemerkt man, wie man geistig gewissermaßen in eine andere Umlaufbahn gerät... Man stellt fest, dass man viel weniger und vieles gar nicht mehr braucht."

Bruder Paulus: „Und man merkt auch, wieviel Energie das Essen verbraucht. Ich esse morgens zwei Löffel Müsli mit Honig und damit bin ich zufrieden. Und wenn dann das Hungergefühl kommt, dann greife ich zu Cashew-Kernen. Ich brauche keine Snickers und Mars und andere Schokoriegel mehr."

G: „War das denn früher anders?"

Bruder Paulus: „Aber sicher. Ich konnte, wenn ich unter Hochdruck gearbeitet habe, eine ganze Tafel Schokolade am Stück verputzen. Und dann noch die Schokolinsen und die MMchen... Das alles ist ja das, was uns so krankmacht."

G: „Seit drei Jahren halten Sie die vegetarische Lebensform jetzt schon durch. Gibt es Momente, in denen Sie denken: Ach, jetzt mal ein Kotelett. Oder Schokoriegel..."

Bruder Paulus: „Ach, wissen Sie, Fleisch zu essen ist ja auch eine Frage von Bequemlichkeit. Man legt sich eine Bratwurst in die Pfanne und macht einen Kartoffelsalat dazu – fertig. Aber um auf ihre Frage zurückzukommen: Gestern hat unsere Köchin zwei Mitbrüdern aus Indien zuliebe Spaghetti mit Gambas gemacht. Dafür wäre ich früher gestorben, und es gab einen kurzen Moment, wo ich Lust hatte. Aber der war schnell vorbei.

Wenn ich nur an die Crevetten-Fabriken denke und daran, wie die Tierchen ausgepuhlt werden – dann weiß ich wieder, das brauche ich nicht. Und ein Kotelett finde ich nur noch ekelhaft. Wenn ich zum Beispiel auf dem Weihnachtsmarkt diese Schwenkgrills betrachte, dann kann ich überhaupt nicht verstehen, wie man so etwas essen kann. Als ich vier Monate vegetarisch war, da war Katholikentag und ich hatte mir einen Reise-Smoothiemaker mitgenommen. Da standen auch die Schwenkgrills vollgepackt mit Koteletts, und ich dachte: Wie kann man um alles in der Welt nur da reinbeißen? Eklig."

D: „Um jetzt mal franziskanisch zu sprechen: Wenn ich ein Radieschen aus der Erde schneide, weiß ich denn, ob das nicht auch Schmerz empfindet?"

Bruder Paulus: „Ja, da haben Sie recht. Aber meine erste Antwort auf den Fleischkonsum ist einfach und unideologisch: Ich mag's halt nicht mehr."

G: „Damit sind Sie ganz und gar bei sich. Wie wäre es denn, wenn mein Kollege D sich jetzt eine Haxe bestellen würde – könnten Sie entspannt daneben sitzen und den Anblick ertragen?"

D: „Ich weiß nicht, wieso du mich da wieder anschwärzt. Könnte ja auch sein, dass du dir die Haxe bestellst!"

Bruder Paulus: „Jedenfalls könnte ich das sehr wohl ertragen. Wissen Sie, mein Vater hat jeden Freitagmorgen 200 Hühner geschlachtet. So war das damals, so ist Deutschland groß geworden. Mein Vater, der Gemüsehändler, hat jeden Donnerstagabend beim Bauern die Hühner gekauft gegen Cash, jeweils zehn bis 15 Hühner in einem engen Käfig. Dann ist mein Papa um zwei Uhr nachts nach Essen gefahren, zum Großmarkt, ist um halb vier wiedergekommen, hat das Obst- und Gemüsegeschäft aufgefüllt, ist um halb sechs Uhr ins Schlachthaus und hat dort bis halb acht die 200 Hühner geschlachtet. Meine Tante hat die gerupft, und so waren früh morgens die frisch geschlachteten Hühner in unserem Geschäft. Mein Papa ist dann schlafen gegangen, hat mittags das Geschäft ausgeräumt und ist am Nachmittag zur Jagd gefahren. Und ich habe in der Gärtnerei gearbeitet. Man darf ja nie vergessen: Deutschland ist auch durch Kinderarbeit groß geworden."

G: „Und durch die Arbeit der Nachkriegsfrauen."

Bruder Paulus: „So ist es. Unbezahlte Frauenarbeit. Das Tieretöten war bei uns zu Hause gang und gäbe. Aber jetzt habe ich so viel gelesen zu diesem Thema und so viele Filme gesehen und Vorträge gehört – zum Beispiel auch die über die großen Schweineschlachtereien im Norden."

Das größte Fleischwerk der Welt steht in Rheda-Wiedenbrück, dem Heimatort von Clemens Tönnies, Miteigentümer eines der größten Fleischproduzenten der Welt. Was Bruder Paulus mit hörbarem Schrecken erzählt: Die Schweine werden erst in einem CO_2-Bad betäubt, bevor sie am Fließband mit einem Stich in die Hauptschlagader getötet und schließlich in einer Art von Schweinewaschanlage gesäubert werden. Bruder Paulus: „Davor habe ich einen Ekel, den ich nie wieder loswerden kann."

Bruder Paulus: „Es gibt ganze Völker, die brauchen kein Fleisch – da brauche ich auch keines. Wenn man vom Fleisch nicht lassen kann, dann soll man wenigstens wählerisch sein. Ich versuche, meine Brüder zu überzeugen, sich lieber ein Huhn auf dem Wochenmarkt für 16 Euro zu kaufen statt für drei Euro fünfzig. Aber das ist ja wie beim Kleidereinkauf. Ob die teuren Kleider dann wirklich unter gerechteren Produktionsbedingungen entstanden sind, das weiß man ja am Ende nicht."

D: „Da sind wir jetzt aber an einem heiklen Punkt. Natürlich ist es so, dass bei der industriellen Tierproduktion sehr viel Ekelhaftes passiert. Aber zugleich wissen wir doch auch, dass wir neun Milliarden Menschen auf der Erde nicht satt bekommen mit Slowfood oder mit Demeter."

Bruder Paulus: „Wissen Sie, wir werden doch von so vielen Erzählweisen in die Irre geführt. Wenn wir uns hier im Rhein-Main-Gebiet entscheiden würden, dass wir uns nur noch regional ernähren wollen – keine Erdbeeren mehr mit Lufthansa-Cargo zum Beispiel – dann könnten wir auch überleben. Müssten wir halt öfter mal Kartoffeln essen."

D: „Dann bräuchten wir aber doppelt so viel landwirtschaftliche Fläche, die wir auch nicht haben."

Bruder Paulus: „Ach was, landwirtschaftliche Fläche haben wir ohne Ende. Das wird doch alles mit Mais für Biogas-Anlagen bepflanzt. Ich komme aus dem Münsterland, da kann man nichts Anderes mehr anbauen, weil es ja Subventionen gibt für den Maisanbau. Warum soll man da noch in Getreideanbau investieren?"

G: „Sind Sie ein zorniger Kirchenmann?"

Bruder Paulus: „Ja, ich kann schon sehr zornig werden. Es gibt Vieles, was mich wütend machen kann. Zum Beispiel Achtlosigkeit – angefangen bei liturgischer Achtlosigkeit, wenn ich die sinnlosen Sperenzchen sehe, die in der katholischen Kirche zur Anwendung kommen. Da bin ich bei Martin Mosebach, der kritisiert, die Protestantisierung der katholischen Kirche schreite unaufhaltsam voran. Sinnlose Logorrhoe statt einer zu Herzen gehenden, aufbauenden, gehaltvollen Predigt."

D: „Mosebach ist ja der Überzeugung, dass es unverständlich sei, wenn Menschen nicht katholisch seien."

Bruder Paulus: „Ich glaube, dass alle Menschen Katholiken sind. Das Katholische hat ja eine Weite, die die Institution Kirche nicht immer hat. Denjenigen, die die Katholiken kritisieren wegen ihrer angeblichen Engstirnigkeit, sage ich gern: Wir sprechen uns wieder, wenn Ihr Sohn mit einer burkaverhangenen Braut nach Hause kommt. Mal gucken, wo denn dann Ihre Weite geblieben ist."

D: „Das Fleisch ist ja in der Katholischen Kirche nicht besonders gut beleumundet, schon als Begriff nicht. Ich habe heute früh noch einmal eine Predigt von Ihnen angehört, zum Römer-Brief: ‚Lasst euch nicht vom Fleisch leiten, ihr seid vom Geist bestimmt'. Diese Fleischfeindlichkeit zieht sich ja durch 2.000 Jahre Kirchengeschichte."

»Lasst euch nicht vom Fleisch leiten, ihr seid vom Geist bestimmt.«

Bruder Paulus: „Da müssen wir sehr genau und sehr gründlich Etymologie betreiben. Fleischlich ist alles, was Struktur hat. Und alles, bei dem die Egomanie des Menschen bedient wird, wo der Mensch um sich herumkreist und letztlich beziehungslos wird – immer dann wird von Fleisch geredet. Das Sarx, dieser aus dem Platonischen stammende Begriff, ist auch ins Christentum übertragen worden und besagt ja, dass Fleisch der Gegensatz von Geist ist. Von dieser Definition hat sich das Christentum letztendlich nie erholt. Der Fleischbegriff, den Sie benennen, steht für Egomanie und Gottfeindlichkeit. Das hat mit Tierfleisch gar nichts zu tun, da geht es eher um Fleischeslust und andere Dinge. Aber dieser Fleischbegriff ist ja nicht nur in der Kirche schlecht beleumundet, sondern eigentlich überall. Wenn seine Freundin (er schaut auf G) sagen würde, mich interessiert an dir eigentlich nur dein Fleisch, dann wäre er sicher unangenehm berührt. Es ist ja auch interessant, dass die pornographische Fleischbeschau immer noch mit dem Deckmantel der Scham verhüllt wird, während Smartphones unter anderem deshalb so boomen, weil man dort kostenlos Pornographie konsumieren kann."

D: „Sie haben in Ihrer Predigt auch gesagt, in diesen Internet-Partnerschaftsportalen gehe es zu wie in einer Metzgerei."

Bruder Paulus: „Ja, so ist es. Da wird die Brust gezeigt und was auch immer – und mehr kann man da ja auch nicht zeigen. Man kann dort ja auch nur, scholastisch gesprochen, die Akzidentien enthüllen, ich kann ja dort von mir nichts Wesentliches zeigen. Fleisch jedenfalls ist nichts Wesentliches. Ich kann dieser Betrachtungsweise etwas abgewinnen. Deshalb gilt ja auch, dass man bei einer kirchlichen Hochzeit sein Fleisch bedecken soll."

D: „Noch einmal zu Ihrer Predigt. Darin heißt es, der Ruf Gottes sei eine Aufforderung zur Herrschaft über das ‚Man muss'. Das klingt ja nach einer sympathischen individual-anarchistischen Haltung. Man muss gar nichts. Nun sind wir aber alle in unserem Leben in Konventionen gefangen, die ja häufig auch einen

Sinn ergeben. Sie können sich wahrscheinlich eher über solche Regeln erheben als eine Kassiererin im Supermarkt."

Bruder Paulus: „Um deutlich zu machen, was ich meine: Man musste keine Juden anzeigen. Man musste nicht schweigen, wenn Juden abtransportiert wurden. Nur, weil alle ein bestimmtes Produkt im Supermarkt kaufen, müssen wir das nicht. Nur, weil alle in der Türkei Urlaub machen, weil es dort so schön billig ist, müssen wir das nicht. Das Fleischliche besagt doch nur: Ich nehme den kürzesten, einfachsten, offensichtlichsten Weg. Ich stehle mich aus der Verantwortung. Der Mensch sitzt nicht im Gefängnis der Excel-Tabelle. Es gibt Zahlen, aber die Zahlen sagen nichts. Deswegen haben wir in den Gerichten auch keinen Computer sitzen, der das Urteil spricht, sondern einen Menschen, der nach Abwägung sämtlicher Umstände zu einer Entscheidung kommt. Bei einem Vortrag vor dem Hessischen Sparkassenverband habe ich einmal gesagt: Ihr Ende haben Sie eingeläutet, als Sie die provisionsorientierte Bezahlung eingeführt haben. Weil es mir jetzt bei Ihnen so geht wie beim Zahnarzt: Berät der mich für mich oder berät der mich für sich? Ist man dem Fleisch gehorsam oder ist man dem Geist gehorsam? Sagt der Zahnarzt ehrlicherweise: ‚Ich könnte Ihnen ein teures Ersatzteil einbauen, ich würde daran viel verdienen – aber angesichts Ihres Alters rate ich: Es rentiert sich nicht.'? So etwas ist selten geworden. Wo gibt es noch den Mann in der Autowerkstatt, der uns sagt: ‚Ich habe das Gewünschte repariert, und ich habe dabei noch ein paar Mängel entdeckt. Aber ehrlich: Das, was ich gemacht habe, reicht.'?"

D: „Die meisten sagen: Die Versicherung zahlt ja."

Bruder Paulus: „Ja, die Versicherung zahlt. Der Versicherungsbetrug, die Boni bei den Banken – alles fleischlich."

D: „Haben Sie eigentlich in ihrer vor-vegetarischen Zeit das Freitagsgebot der Kirche eingehalten – kein Fleisch?"

Bruder Paulus: „Ja. Außer wenn ich beruflich unterwegs war oder im Urlaub, dann habe ich – wie die guten Moslems – diese prinzipielle Regelung durchbrochen. Prinzipien sind ja wie Fürze: Man muss sie fahren lassen, wenn man sie nicht mehr halten kann."

»Prinzipien sind ja wie Fürze: Man muss sie fahren lassen, wenn man sie nicht mehr halten kann.«

Das ist mal ein durch und durch katholischer Gedankengang. Im Mittelalter hatte die Kirche phasenweise für ungefähr ein Drittel des Jahres Fastenzeit verfügt, bis zu 130 Tage. Aus diesem erzwungenen Vegetariertum fand der Fleischhunger der Gläubigen vielfältige Fluchtwege. Der fintenreiche Fuldaer Abt Rabanus Maurus hatte die Eingebung, dass Gott Fische und Vögel am selben Tag erschaffen habe, und zwar aus Wasser. Selbstverständlich durfte das gemeine Huhn deshalb verspeist werden, ohne dass der gute Katholik in Sünde fiel – es war ja eine „Schöpfung des Meeres". „Fleisch, lebe wohl" (Carne vale), die Kirchenlosung für die Fastenzeit, galt für allerlei Getier keineswegs. Der Biber lebte im Wasser, also war er ein Fisch, ebenso wie Otter und Dachs. Zur Not wurde auch das Reh zum Fisch umdeklariert; Klosterköche formten aus Rücken und Filet einfach ein fischartiges Gebilde. Am pfiffigsten noch waren wohl die Mönche des Zisterzienserklosters Maulbrunn: Sie gaben die mit Hackfleisch gefüllten Maultaschen einfach als Mehlspeise aus. Die Schwaben wussten gleich, was sie davon zu halten hatten: Sie nannten den Fastenbetrug „Herrgottsb'scheißerle".

G: „Wie geht denn eigentlich Urlaub bei Ihnen?"

Bruder Paulus: „Mit einem Freund aus Lateinamerika, der seinen Vater gerade zu Gast hat, fahre ich an die Mecklenburgische Seenplatte. Mit drei Hunden! Dort gehe ich mit den Hunden schwimmen, laufen … Ich studiere nebenbei Tierpsychologie, im Fernstudium. Wenn ich nicht im Kloster leben würde, hätte ich ganz sicher Hunde."

G: „Ich würde auch gern mal auf den simplen Fleischbegriff zusteuern …"

D: „… auf die Currywurst …"

G: „Ich würde gern darüber reden, was die Bibel und die Kirche zu diesem Thema sagen. Ich habe da sehr Widersprüchliches wahrgenommen. Die einen sagen kategorisch: ‚Wer Christ ist, darf kein Fleisch essen.' Ein Buchtitel besagt hingegen: ‚Jesus war kein Vegetarier.'"

Bruder Paulus: „Wenn Sie wissen, was in der Bibel zum Thema Sexualität schon alles behauptet und nicht behauptet wurde; wenn Sie wissen, wieviele Kriege und wieviele Friedensbewegungen mit der Bibel begründet wurden, dann komme ich darauf: Die Bibel ist eine Sammlung von Lagerfeuergesprächen. Menschen mit einem feurigen Herzen, das an Gott hing, haben sie aufgeschrieben. Sie haben vernünftige Entscheidungen für sich und ihre Umwelt getroffen. Aber es ist entscheidend zu verstehen: Das Christentum ist, wie auch das Judentum, keine Schriftreligion. Nur der Islam ist eine Schriftreligion. Das Christentum hingegen lebt von der lebendigen Überlieferung. Den Protestanten fällt es ja schwer zu begründen, warum die Bibel ein Heiliges Buch sein soll. Sie haben an dieser Stelle dasselbe Problem wie der Islam: Weder der Koran noch die Bibel halten historisch-exegetisch irgendetwas stand, was von Vernunft ist. Es sind gesammelte Schriftstücke, die im Laufe der Geschichte zusammengefügt wurden. Wenn man weiß, dass der Schöpfungsbericht eines der jüngsten Schriftstücke der Bibel ist und zudem weiß, dass der erste aus 365 Wörtern besteht, für jeden Tag des Jahres ein Wort in der hebräischen Ursprache, dann weiß man auch, dass es völlig fehl am Platze wäre, aus der Bibel auch nur irgendeine Handlungsanweisung für das eigene Leben abzuleiten.

Zu ihrer Frage: Selbstverständlich hat Jesus Fleisch gegessen. Warum sollte er kein Fleisch essen? Was ich erhoffe, ist doch, dass wir einfach mal nachdenken. Ist es wirklich tierlieb, sich einen Kanarienvogel im Käfig zu halten? Oder einen Koi im Teich, wie der frühere Bischof von Limburg? Ist das Strickjäckchen, das man seinem Pudel anzieht, wirklich Ausdruck von Tierliebe? Unser Zoo in Frankfurt, der für mich ein Ausbund an Tierquälerei ist – ist der auch in einer göttlichen Betrachtung Tierquälerei? Wir wissen doch gar nicht, was richtig ist. Ich habe aus der Moraltheologie gelernt, dass gewisse Handlungen, für sich betrachtet, nicht böse sein können. Einen menschlichen Körper mit einem Messer aufzuschneiden – das ist in sich keine böse Handlung. Wenn ein Chirurg das macht, ist das doch gut. Wenn's ein Messerstecher macht, ist es vielleicht nicht so gut. Ob jemand Fleisch isst oder nicht – das weiß ich doch nicht, ob das gut oder schlecht ist. Wenn jemand ein Tier tötet – das weiß ich doch nicht, ob das gut oder schlecht ist. Auch wenn übrigens jemand einen Menschen tötet, weiß ich nicht, ob das gut oder böse ist: Wenn jemand damit das Töten von anderen Menschen verhindert – das Thema Tyrannenmord ... Was ist gut, was ist böse? Manche fühlen sich berechtigt, die Leibesfrucht im Körper zu töten, obwohl sie sie vorher noch im Ultraschall haben leben sehen. Wir hatten Mitbrüder, die haben Frauen gesegnet, die im Mittelalter verbrannt wurden – weil sie gleich in den Himmel auffahren würden. Die ethischen Entscheidungen des Menschen können aus der Bibel nicht abgeleitet werden. Nur eines: Handle richtig und handle gut – das heißt: nicht selbstsüchtig. Das sind die Imperative der Bibel."

» Ob jemand Fleisch isst oder nicht – das weiß ich doch nicht, ob das gut oder schlecht ist. «

Dieser äußerst tolerante und entspannte Imperativ ist den Alles- und Vielessern D und G Balsam für die Seele. Diese Entspanntheit legen etliche Vegan-Aktivisten eher nicht an den Tag. Der hessische Tierrechtsaktivist Achim Stößer erläuterte im Deutschlandradio Kultur: „Nicht-vegane Freunde habe ich nicht, nein, also ich habe beispielsweise auch keine Rassisten als Freunde. Das würde mir einfach nicht liegen, mit Menschen, die Tiere umbringen, um sie beispielsweise aufzuessen, befreundet zu sein." Und um das auch noch deutlich werden zu lassen: „Vegetarier sind genauso Mörder wie alle Unveganer." Der britische Sänger Steven Patrick Morissey, ohnehin für seine provokanten Auftritte berüchtigt, verstieg sich sogar zu der Aussage: „Ich sehe keinen Unterschied zwischen Fleischessern und Pädophilen. Beides ist Vergewaltigung, Gewalt, Mord."

Solche ethisch motivierten Veganer bringen Gesprächsformen in die deutschen Wohnzimmer, auf die der normale Kostgänger schwerlich antworten kann. Wer vegan lebt, ist ein besserer Mensch – denkt er und denkt sie. Daneben erscheinen selbst Vegetarier wie Überbleibsel aus einer barbarischen Vergangenheit. „Vegan zu leben“, schreibt der „Spiegel“, „ist besser für die Zukunft der Menschheit, bringt Frieden, Glück und Erlösung.“ Wer hingegen Fleisch futtert, Lederschuhe oder Seidenhemden trägt, herkömmliche Kosmetik benutzt (Tierversuche!), Milch trinkt, Honig isst und sein Haupt auf Daunenkissen bettet, der ist ein Gewalttäter, dem Untergang geweiht. Die Aktivisten der Tierrechtsorganisation PETA kämpfen an vielen Fronten für vegane Lebensführung. Dem County Sheriff von Michigan empfahlen sie beispielsweise, eine aggressive Frau durch vegane Ernährung ruhigzustellen. Die zu einer mehrjährigen Gefängnisstrafe Verurteilte hatte in einem McDonald's um sich geschossen, weil auf ihrem Hamburger der Speck fehlte.

»Vegan zu leben ist besser für die Zukunft der Menschheit, bringt Frieden, Glück und Erlösung.«

Es gibt hinreichend viele gute Gründe, Fleischkonsum zu reduzieren oder sich vegetarisch oder gar vegan zu ernähren. Wer aus Mitgefühl mit den Tieren eine solche Entscheidung fällt, hat Respekt verdient. Wer aus gesundheitlichen Gründen eine solche Entscheidung fällt oder fällen muss, hat Mitgefühl verdient. Vegane Kampfesser freilich würden sich auch um das Menschenwohl verdient machen, wenn sie ihre Mahlzeiten unter ihresgleichen einnähmen. Das wollen sie freilich nicht, sie wollen sich Gehör verschaffen – sie wollen darüber bestimmen, was in Deutschland auf den Tisch kommt.

Auf unzähligen Webseiten schütten Hardcore-Veganer ihre Verachtung über die weitaus besser gelaunte Fleischgemeinde, in Foren werden Ratschläge verbreitet, wie man Fleischesser argumentativ entwaffnet. Zum Beispiel auf veggiswelt.de. „Bio-Schweine werden nicht zu Tode gestreichelt, sie sterben auch durch Verbluten", ist dort zu lesen. Und über christliche Fleischkonsumenten erfahren wir: „Fragen Sie die ‚Schriftgelehrten', mit denen Sie diskutieren, ob sie weiterhin Fleisch kaufen und essen würden, wenn irgendwo auf der Welt Jesus Christus in einem Tier wiedergeboren worden ist – in einem Schwein, Huhn, einer Kuh oder einem Schaf – keiner wüsste was Genaues. Aber zumindest wäre sicher: in einem Tier. Wahrscheinlich würde er oder sie sagen: „Aber in meinem Steak wird er schon nicht sein!"

Die sonst selten zum Scherzen aufgelegte F. A. Z. veröffentlichte auf ihrer Wissenschaftsseite einen April-Scherz, und der ging so: Immer mehr christliche Veganer würden auf Abstand gehen zur katholischen Kirche, weil die Gläubigen in der Eucharistie mit der Hostie und dem Wein Fleisch und Blut Christi in sich aufnähmen. Der Artikel wurde nicht von allen Lesern als Scherz er-

Brenzlige Situation in der Sonntagsmesse

kannt, obwohl er verdächtigerweise am 1. April erschien. Das liegt wohl auch daran, dass man den Hartgesottenen unter den Veganern viele Formen von Verirrungen zutraut. Und schließlich ist der Diskurs innerhalb der Theologen-Zunft auch nicht immer so entspannt, wie die Äußerungen von Bruder Paulus nahe legen. „Philosophisch betrachtet", schreibt der Linzer Theologe Michael Rosenberger, „sind Tiere eigenständige Wesen, die aus eigener Kraft danach streben, ihr Gut zu verwirklichen, nämlich die Entfaltung der in ihnen liegenden Möglichkeiten." Was folgt daraus? „Eine neue, freiwillige, aber gemeinsam gelebte Kultur fleischfreier Tage und Zeiten wäre dringend angeraten, da sie für eine Wertschätzung des Fleisches sorgen würden."

Der katholische Theologe Rainer Hagencord, Leiter des Instituts für theologische Zoologie in Münster und bekennender Fleischverzichter, beschreibt gern das Paradies als vegetarischen Schutzraum; Adam und Eva essen keine Tiere, sondern Pflanzen und Früchte. Hagencord schwärmt: „Das berühmte Jesaja-Wort, wonach Bärin und Kalb sich anfreunden und auch der Löwe Stroh frisst – das sind visionäre, utopische Bilder, wonach klar wird: Letztlich geht es darum, Gewalt zu vermeiden." Der evangelische Pfarrer Friedrich Laker, ein Veganer, erklärt, auch Tiere seien spirituelle Wesen: „Das Tier hat genauso eine Würde wie der Mensch. Das Tier ist beseelt wie der Mensch. Aus Gottes Sicht, aus Sicht des Schöpfers, ist das zunächst alles erstmal gleichwertig."

Der Mensch also keine Krönung der Schöpfung, wie man's noch im Schulunterricht gelernt hat? Ist vegetarische oder gar vegane Ernährung also Christenpflicht? Der Theologe Sebastian Moll, Autor der Kampfschrift „Jesus war kein Vegetarier", zitiert Jesus Christus aus Markus 7.15: „Es gibt nichts, was von außen in den Menschen hineingeht, das ihn unrein machen könnte. Sondern was aus dem Menschen herauskommt, das ist's, was den Menschen unrein macht." Ein Gebot, auf Fleisch zu verzichten, gebe es in den Schriften der Bibel nicht, sagt Moll, und daraus folgt: „Ich würde sagen, auch heute gehört diese Freiheit zu den wichtigen Merkmalen des Christentums, und das sollte man als Christ auch selbstbewusst vertreten." Der evangelische Pfarrer Frank Muchlinsky assistiert: „Nach der Sintflut erlaubt Gott den Menschen ausdrücklich, dass sie ‚alles, was sich regt und lebt', essen dürfen, nur dürfe kein Blut mehr im Fleisch sein. Später kommen noch ausgesprochen viele Speisevorschriften hinzu, die den Fleischkonsum regeln und einschränken (vor allem sind der Genuss ‚unreiner' Tiere – zum Beispiel Schweine oder Shrimps – verboten, sowie der gleichzeitige Verzehr von Fleisch- und Milchprodukten)."

Wen wundert es, wenn da Verwirrung aufkommt unter den christlichen Essern? Wenn die Bibel schon keine eindeutigen Antworten kennt – wer dann? Auf Kirchentagen wird gern und ausgiebig mit Veganern diskutiert, zum Beispiel mit Christian Vagedes. Der Mann mit dem markanten Knick-Knatterton-Kinn hat die „Vegane Gesellschaft Deutschlands" gegründet und eine vegane Fachmesse. „Vegan ist nicht nur ein Lebensstil, sondern eine Idee, die zu nachhaltigem Wandel beitragen wird", erzählt er auf der Kirchentagsbühne. Sein Gegenspieler Kai Funkschmidt von der Evangelischen Zentralstelle für Weltanschauungsfragen betrachtet Vagedes als eine Art Sektenchef: Der Veganismus trage religiöse Züge, verheiße „die Lösung aller Weltprobleme" und vermittle „utopische Erlösungsvorstellungen". Der Ernährungspsychologe Thomas Ellrott, ein Katholik, versuchte sich als Versöhner: Essen solle Menschen zusammen an den Tisch bringen – und das sei nur dann „friedenstiftend", wenn man „offen" sei für die Ernährungsweise des anderen.

Fleischesser und Vegan-Aktivisten an einem Tisch? Ein frommer Wunsch. Viele christliche Vegan-Kämpfer ziehen gern Jesus als Kronzeugen heran, um ihren Anspruch als Weltretter zu untermauern. Jesus habe kein Fleisch gegessen, behauptet zum Beispiel auch Herr Vagedes allen Belegen zum Trotz, und: „Wenn Christus das Leben ist und ich Leben töte, kreuzige ich Christus erneut." Da mag man erleichtert sein, dass Veganer in Deutschland immer noch eine – allerdings lautstarke – Minderheit sind. Der „Vegetarierbund Deutschlands“ hat im Januar 2015 die Zahl der Veganer im Land auf 900.000 geschätzt. Das wären 1,1 Prozent der Bevölkerung.

G: „Viele Kirchenobere stehen ja nicht in dem Ruf, ein besonders karges Leben zu führen.“

Bruder Paulus: „Viele F.A.Z.-Redakteure auch nicht. Wo gibt es denn ein Wertesystem, das besagt, dass ein Christ ein karges Leben führen muss? Ich bin heute früh mit meinen Mitbrüdern, die aus Indien kommen, Schuhe einkaufen gegangen, und ich habe ihnen gesagt: ‚Wir kaufen Schuhe, die handwerklich gut gefertigt wurden.‘ Da haben zwei Paar 190 Euro gekostet – das verdienen deren Familien noch nicht einmal in zwei Monaten.“

G: „Aber die Völlerei immerhin gilt doch als sündhaft, oder nicht?“

Bruder Paulus: „Ja, natürlich, weil sie blind macht. Macht macht blind, Völlerei macht blind, Saufen macht blind, Huren macht blind. Immer wenn wir anfangen, unseren Verstand auszuschalten, werden wir blind. Als ich viel unterwegs war im Land und mit der Bahn von Veranstaltung zu Veranstaltung fuhr, da hatte ich eine Bahncard First, als armer Kapuziner! Ist das jetzt Völlerei? Ich habe für meinen Orden Geld verdient mit diesen Veranstaltungen und habe den Zug für die Arbeit genutzt. Hätte ich da in der 2. Klasse Platz nehmen sollen, um ein karges Leben zu führen? Ich muss sagen, diese Leibfeindlichkeit in der Kirche ist überwunden. Diese Haltung findet sich heute nur noch auf der Esoterikmesse – nach dem Motto: ‚Wenn du asketisch lebst, dann kommst du in den Himmel.‘“

D: „Da hat ja auch Papst Franziskus ein gewisses Befremden zu erkennen gegeben, der aus einer armen Kirche kam und dann auf die fetten Prälaten der Kurie traf…“

Bruder Paulus: „Das ist genauso, als wenn der Intendant des Hessischen Rundfunks verlangen würde: Lass uns mal wieder richtig Fernsehen machen, richtigen Journalismus. Statt alles nach draußen zu geben, setzt euch mal selbst aufs Fahrrad und recherchiert. Es ist doch überall das Gleiche, in der Institution Kirche nicht anders als beim Hessischen Rundfunk, der gar nicht mehr aus Journalisten besteht, sondern nur noch aus Verwaltungsbeamten – überall ist es gleich. Ich will Ihnen die Geschichte von den drei Ruderern erzählen. Jeden Freitag haben die ihr Boot in den Main geschoben, sind gerudert und waren glücklich. Dann haben sie überlegt: Warum sollen wir jedes Mal das Boot hierherschleppen? Sie bauten einen Schuppen für das Boot. Dann kam ihnen in den Sinn: Wäre doch toll, wenn wir hier auch gleich duschen und uns umziehen könnten. Und so entstand nach und nach ein Clubhaus, das immer mehr Menschen anzog. Nur gerudert hat am Ende keiner mehr. Diese Ideologisierung einer Idee durch die Fakten, die diese Idee schafft ..."

D: „Wobei jede einzelne Entscheidung durchaus vernünftig war."

Bruder Paulus: „Genauso vernünftig wie die Entscheidung der Kirchenoberen, seinerzeit in eine Rokoko-Kulisse einzuziehen, sich rote Gewänder überzustreifen, dem Papst ein eigenes Stockwerk herzurichten – das war alles richtig, die Entscheidung für die Engelsburg war richtig, aber es fehlten dann einfach die Schritte, das Ganze fortzuentwickeln. Was glauben Sie, welche Arbeit der neue DFB-Präsident vor sich hat? Oder das IOC. Die sind doch alle noch viel schlimmer dran als der Papst. Der Papst kann ja entscheiden – der Papst kann ja sagen: Kardinal Müller, du bist nicht mehr Präfekt der Glaubenskongregation. Das kann der IOC-Präsident nicht. Das schaue ich mir immer voller Freude an: Das, wofür die Katholische Kirche immer kritisiert wird – das gibt es doch überall!"

G: „Ich habe im Moment die Assoziation: Sie sind eine Kapuzinerpredigt auf zwei Beinen."

Bruder Paulus: „Ja, dafür habe ich ja Gottseidank eine umfassende Ausbildung gehabt. Ich habe Philosophie gelernt, mich mit Atheismus beschäftigt, Jean-Paul Sartre bis zum Erbrechen gelesen und Albert Camus und Karl Marx und Hegel und Freud und Adler und Thomas von Aquin. Ich habe eine psychotherapeutische Ausbildung gemacht, mich selbst in- und auswendig kennengelernt. Ich weiß, wie oft ich von der Wickelkommode gefallen bin und welche Konsequenzen das hat für mein Denken. Meinem Orden bin ich unendlich dankbar, dass er mir diese umfassende Bildung möglich gemacht hat."

Und weil er gerade so in Fahrt ist: „Die Menschen haben doch Recht, wenn sie fragen: Lebt die Kirche überhaupt noch? Die SPD – lebt die noch? Die CDU – lebt die noch? Ist da noch eine Idee vorhanden? Um zu Papst Franziskus zurückzukommen: Der Papst hat eine Vorstellung von Kirche, wie sie in 90 Prozent der Kirche gelebt wird. Dass das in der Rokoko-Kulisse noch nicht angekommen ist, darf einen nicht wundern. Wir müssen ja nur schauen, was im römischen Staat alles noch nicht angekommen ist."

Die Herren bestellen das einzig angebotene Dessert, Zwetschgenkuchen mit Sahne. „Da machen Sie beide sich jetzt wahrscheinlich Gedanken, wie das um meinen Wertekanon bei der Ernährung bestellt ist", sagt Bruder Paulus und lacht glucksend. G sagt mitfühlend: „Irgendwas muss ja die Schokolade ersetzen".

D: „Sie haben einen hohen Begriff von persönlicher Autonomie – stärker noch als irgendjemand, der sich in der FDP zu Hause fühlt. Taugt das nur was für gebildete Menschen wie Sie? Sind nicht 80 Prozent der Bevölkerung froh, wenn sie nicht jede individuelle Entscheidung selbst treffen müssen?"

Bruder Paulus: „Ja, ich fühle mich autonom – und ja, sehr viele Menschen haben dieses Glück nicht. Als ich nach der Wende sechs Jahre lang in Gera lebte und arbeitete, haben Menschen zu mir gesagt: ‚Sie sind so ein freier und angstfreier Mann. Es gibt niemanden, der Sie abmahnen oder entlassen kann.' Das ist wahr, das gibt es auch nicht. Aus meiner Priesterweihe kann mich niemand entlassen, wenn ich nicht goldene Löffel stehle.

Dieser Autonomiebegriff ist ein Autonomiebegriff des Evangeliums. Das hat Jesus so gewollt – den Menschen in seiner Autorität stärken als Gotteskind."

G: „Mögen Sie eigentlich die Menschen?"

Bruder Paulus: „Ja, sehr. Ich liebe sie, weil ich selber einer bin. Pater Timm hat bei uns einmal gesagt: ‚Die Zoologie des lieben Gottes ist sehr reichhaltig.' Wenn Sie in einem Orden leben,

Humor im Talar

sind sie einer ständigen Prüfung unterzogen, weil immer etwas Unvorhergesehenes geschehen kann. Sie leben ja nicht mit diesen Menschen zusammen, weil Sie das aus Sympathie so wollten. Das ist ja wie mit Ihren Nachbarn: Die haben Sie sich auch nicht ausgesucht. Jetzt kann man die alle furchtbar blöd finden, oder ich sage: Das ist jetzt die Herausforderung meines Lebens. Ich habe gelernt, die Qualitäten in Menschen zu suchen."

G: „Was Sie heute über die Bibel geäußert haben, finde ich sehr spannend. Die ‚Weite', die Sie beschreiben, nehmen viele Menschen aber nicht wahr. Die Begrifflichkeit ‚Die Bibel' besagt ja schon, dass wir es mit einem wegweisenden Regelwerk zu tun haben. ‚Die Bibel' sagt, wo es langgeht, woran wir uns zu halten haben."

Bruder Paulus: „Die Kirche war schon immer gegen diese Einschätzung, eigentlich. Der Heilige Bonaventura, franziskanischer Theologe, hat gesagt: ‚Wir haben drei Quellen der Offenbarung. Die eine ist das Buch der Schöpfung. Die zweite ist das Buch der Heiligen Schriften. Die dritte ist das Buch der Geschichte. In allen drei Büchern müssen wir lesen, um Gottes Willen zu verstehen.'"

G: „So ganz folgen kann ich Ihrer Einschätzung nicht. Viele Kirchenvertreter haben doch die Bibel als Instrument der Machtausübung benutzt. Sie waren die Deuter, die dem Volk nahegebracht haben, was richtig und falsch war."

Bruder Paulus: „Ja, natürlich, die Verbindung von Thron und Altar hat viel Unheil angerichtet. Aber der eigentliche Auftrag des kirchlichen Lehramtes ist es doch, die Menschen dazu zu befreien, zu einer unideologischen und das heißt zu einer persönlichen, herzensförmigen Offenheit gegenüber dem Wort Gottes zu gelangen, das ihnen aus der Bibel entgegenspricht. Sie sollen sich nicht an die Bibel halten, sie sollen sich an das Wort Gottes halten. Gestern war ein 89-jähriger Mann bei mir, der sich nach vier Jahren intensiven Studiums einen Termin geben ließ und eine Frage zur Bibel nach der anderen abgearbeitet hat, deren Beantwortung ihm nicht schlüssig schien. Er fragte zum Beispiel: ‚In der Bibel wird beschrieben, Jesus ging im Ölgarten beten, einen Steinwurf entfernt schliefen seine Jünger.‘ Der alte Herr fragte sich: ‚Woher wissen die, das er dort gebetet hat – die haben doch alle geschlafen?‘“

GESPRÄCHSPARTNER

Bruder Paulus Terwitte ist, wenngleich kein Bischof, eines der prominentesten Gesichter der katholischen Kirche in Deutschland. Der gebürtige Westfale ist „Guardian“ und damit erster Mann im Kapuzinerorden im Kloster Liebfrauen in Frankfurt. Wie für seine Mitbrüder ist ein Arbeitsschwerpunkt der Einsatz für Obdachlose in der Main-Metropole. Innerhalb der Kirche ist der prominente Großstadtseelsorger einer der wenigen, die keine Scheu davor haben, aktive Medienarbeit zu betreiben. Fünf Jahre lang hat er in einem täglichen Newsletter den Schlagzeilen der „Bild“-Zeitung ein Bibelwort gegenübergestellt. Er tritt in Talkshows, Fernsehfilmen und als Referent bei einer Vielzahl von Veranstaltungen auf, er bezeichnet sich selbst mitunter als „Rampensau“. Berühmt sind seine prägnanten, meinungsstarken und mitfühlenden Predigten. Wenn in Liebfrauen Bruder Paulus annonciert wird, ist die Kirche regelmäßig überfüllt.

Neunter Gang

Der Minister und das Tofu-Huhn

Beim Frühstück offenbart Bundeslandwirtschaftsminister Christian Schmidt, dass er sich eine Ernährung ohne Fleisch nicht vorstellen kann. Aber wie hält er's mit dem Tierwohl?

> Vielleicht wird sich der Mensch einmal von Pillen ernähren. Ich bin jedenfalls froh, dass ich im Zeitalter der Schweinshaxe lebe.
> *Josef Ertl, von 1969 bis 1983 deutscher Landwirtschaftsminister*

Zielsicher greift der Minister zum Presskopf. „Dürfen wir zum Gespräch ein Frühstück servieren?", hatte sich D fürsorglich in der Ministerialverwaltung erkundigt. „Und, wenn ja, eher Obst- oder eher Wurstsalat?" Die Antwort kam umgehend, kurz und präzise: „Gerne deftig." Und so kommen auf den Tisch: Presskopf, geräucherter Schinken, kalter Schweinebraten und Camembert, alles vom Demeter-Betrieb Dottenfelderhof in Bad Vilbel, dazu Butter, Rote-Bete-Brotaufstrich, Marmelade und, eher als Deko gedacht, Spießchen mit Cocktail-Tomaten und Mozzarella-Kugeln. Dazu zwei Laibe Brot mit krachender Kruste vom Bäcker Huck in Frankfurt-Rödelheim.

D hat sogar einen kleinen Strauß Blumen aus dem Bauerngarten in eine Vase gestellt. „Bestimmt freut sich der Landwirtschaftsminister darüber", sagt er vorsichtig, als er G's Augenbrauen nach oben ziehen sieht, der – er sagt es nur höflichkeitshalber nicht – so etwas für weibisch hält. „Kannst ihm das Sträußchen ja mitgeben", stichelt er gutgelaunt.

So beginnt der Tag freudvoll, aber wie hält es der protestantische Mittelfranke Christian Schmidt, Bundesminister für Ernährung und Landwirtschaft, ganz generell mit den guten Dingen des Lebens?

D: „Welches Element überwiegt in Ihnen? Das fränkische und somit der Lebensfreude zugeneigte oder das – als Katholik darf ich das sagen – freudlos protestantische?"

Minister Schmidt: „Meine Frau, die eine Frankfurter Katholikin ist, würde wohl sagen, es seien Spuren des Protestantismus an mir festzustellen. Beim Essen bin ich sehr bodenständig, da genieße ich sehr gern die traditionelle Küche."

G: „Heißt: sonntags Braten und Klöße."

Minister Schmidt: „Meine 96 Jahre alte Mutter macht den besten Sauerbraten, den es überhaupt gibt: schön eingelegt, mit breiten Nudeln und gerösteten Semmelbröseln drüber. Und wenn es noch Blaukraut dazu gibt, bin ich bereit, eine Woche lang zu darben."

G: „Wie oft sind Sie als Bundespolitiker sonntagsmittags zum Essen zu Hause?"

Minister Schmidt: „Ab und an, die Hauptmahlzeit haben wir auf den Abend verlegt."

D: „Aber Sie können als Protestant schon auch mit Genuss in eine Schweinshaxe beißen?"

Minister Schmidt: „Eindeutig ja, so weit geht die Askese nicht."

G: „Figürlich füllen Sie Ihr Amt ja nicht aus."

» Als Landwirtschaftsminister brauchst du einen Bauch, da musst du noch zulegen. «

Minister Schmidt: „Da erinnere ich mich an einen Dialog zwischen Helmut Kohl und Jochen Borchert (Anm.: von 1993 bis 1998 Bundesminister für Ernährung, Landwirtschaft und Forsten) – nicht wissend, dass ich jemals Borcherts Nachfolger werden würde. Der Bundeskanzler sagte: ‚Als Landwirtschaftsminister brauchst du einen Bauch, da musst du noch zulegen.' Ich meine, das gilt für den Landwirtschaftsminister schon, aber der Ernährungsminister muss mit gutem Vorbild vorangehen. Als ich vor etwa einem Jahr die einschlägigen Konsequenzen meines Amtes spürte, beschloss ich: So, jetzt geht's mit dem Gewicht mal runter."

D: „Wie haben Sie das gemacht?"

Minister Schmidt: „Einfach von allem weniger. Süßigkeiten weggelassen, Treppensteigen …"

G: „… auch weggelassen!"

Minister Schmidt: „Eben nicht! In Bonn war das seinerzeit einfacher. Im Langen Eugen waren die Ausschusssitzungen im 27. Stock, und weil die Aufzüge oft überlastet waren, nahm ich von meinem Büro in der 13. Etage die Treppe. In jener Zeit war ich wirklich fit. In unserem Beruf ist weniger die Menge des Essens ungesund als vielmehr die Unregelmäßigkeit. Oft ist es so: Die eine Veranstaltung muss ich vor Eröffnung des Buffets schon verlassen, und bei der nächsten ist das Buffet schon abgeräumt. Nachmittags gibt es Kuchen, aber ich kann ja auf dem Podium nicht gut Kuchen essen. Also ziehe ich ungeküsst und ungegessen wieder von dannen. Unterwegs gibt es dann eine Brezel und abends um neun ein belegtes Brötchen."

D: „Sie stammen selber vom Land, warnen aber gelegentlich vor Sentimentalität gegenüber Land und Tieren. Welche Schwärmereien haben Sie dabei im Auge?"

Minister Schmidt: „Ein bestimmtes romantisierendes Bild der Harmonie und die Vorstellung, auf dem Land bleibe alles, wie es immer war. Ich komme aus einem Landkreis, der in den 70er Jahren die revolutionäre Idee hatte, sich das Logo „Frankens gemütliche Ecke" zu geben. Fachwerkhäuser und das Foto eines Gutshofes auf der Folie abgepackter Würste – diese Stereotypen hemmen nach meiner Überzeugung das Land freilich eher. Das entspricht überhaupt nicht der Dynamik ländlicher Räume im Zeitalter von Landwirtschaft 4.0. Wir müssen wegkommen von diesem lange sehr eingehegten Image."

D: „Hat es die bäuerliche Landwirtschaft, wie sie sich die städtischen Leser der Zeitschrift ‚Landlust' gerne vorstellen, je gegeben? Und wenn ja, ist sie am Ende?"

Minister Schmidt: „Die gibt es schon noch, in Süddeutschland häufiger als im Norden. Im Süden ist die Struktur geprägt von Nebenerwerbsbetrieben, vor allem Familienbetrieben, im Idealfall in Generationenfolge. Damit die kleinen und mittleren Höfe eine Zukunft haben, müssen wir jedoch bei neuen Anforderungen und Gesetzen ihre Leistungsfähigkeit im Auge behalten. Gerade die Kleinen leiden besonders unter Bürokratie, die haben kein Personal für die Verwaltung."

D: „Ein Viertel des in Deutschland erzeugten Fleisches wird exportiert. Ist das gut oder schlecht?"

Minister Schmidt: „Das ist gut."

D: „Dagegen wird oft eingewandt, wir zerstörten anderswo ländliche Strukturen."

Minister Schmidt: „Dieser Vorwurf hatte früher eine gewisse Berechtigung, ist heute aber komplett überzeichnet. Der Kardinalfehler der europäischen Agrarpolitik, nämlich die Exportsubventionierung, ist seit der Welthandelsrunde im Jahr 2015 endgültig passé, faktisch war er es schon vorher. Ja, Unternehmen exportieren Hähnchenschenkel nach Burkina Faso, das ist nicht verboten, sondern Ergebnis kaufmännischer Kalkulation, es gibt dafür aber keinerlei Subvention, und die Mengen sind sehr überschaubar. Der weitaus größte Teil unserer Exporte geht in aufnahmefähige Märkte wie China. Dass die deutschen Schweinezüchter im Moment nicht über die Preise klagen, liegt auch an den Exporten nach China. Wenn wir uns fragen, wie wir einmal zehn Milliarden Menschen auf der Erde ernähren, kommen wir gar nicht drumherum, dass die Länder Nahrungsmittel exportieren, die sie mit relativ geringem Aufwand bei erträglichen klimatischen Bedingungen produzieren können."

D: „Und was machen die Länder, die nicht in dieser Gunstregion liegen?"

Minister Schmidt: „Schwierig. Neulich war ich in Ägypten. Die Regierung in Kairo möchte, dass sich das Land auch in der Landwirtschaft weiterentwickelt, nicht nur entlang des Nils. Ägypten hat ja jährlich zwei Millionen Menschen mehr zu versorgen. Da kam jetzt die Idee einer Milchwirtschaft auf dem Sinai auf. Nur: Wo kommt das Wasser dafür her? Für die Herstellung von einem Liter Milch braucht man ungefähr 1.000 Liter Wasser, für ein Kilo Käse ungefähr 3.000 Liter Wasser. Wo sollen die bitte herkommen?"

D: „Auf diesen sandigen Böden würde man eher Spargelanbau empfehlen."

Minister Schmidt: „Darauf bin ich noch gar nicht gekommen. Aber im Ernst: Wir werden auf lange Sicht Nahrungsmittel-Exportland bleiben. Mit 70 Milliarden Euro Ausfuhr sind wir der drittgrößte Exporteur, allerdings führen wir etwas mehr Lebensmittel ein als aus. Wenn ich mich so umschaue: Das meiste, was hier auf dem Tisch steht, ist bei uns produziert worden, einschließlich des Mozzarellas." (Nimmt sich ein Spießchen.)

D: „Die Weltbevölkerung von irgendwann zehn Milliarden Menschen werden wir vermutlich allein mit den sympathischen Prinzipien der Demeter-Bewegung nicht sattbekommen. Andererseits ist Monsanto einem auch nicht ganz geheuer. Wie soll das gehen?"

Minister Schmidt: „In dem Klimagutachten, das ich beauftragt hatte, wurde deutlich, dass ökologische Produktion per se keinen Beitrag zur Klimaverbesserung leistet. Der Bedarf an Fläche ist sehr viel höher, und trotzdem muss diese Fläche intensiv ökologisch bewirtschaftet werden. Wenn zusätzlich der Versorgungsdruck wegen des Bevölkerungswachstums steigt, wird der Intensivierungsdruck anderswo noch zunehmen, jedenfalls aufs Ganze gesehen. Bei uns, so denke ich, werden Demeter und die ökologischen Bewegungen ein Wachstumsbereich bleiben."

D: „Und Monsanto?"

Minister Schmidt: „Monsanto ist für viele der Inbegriff für Nicht-Nachhaltigkeit, sondern für Intensivierung auf Deubel komm raus und für die Nutzung aller chemischen Keulen, die man sich nur vorstellen kann. Ich erwarte mir übrigens, dass durch die Bayer-Übernahme von Monsanto ein Stück europäische Denkweise dort Platz greift. Der Weg wird irgendwo zwischen Demeter und Monsanto liegen. Wir brauchen technische Möglichkeiten, um effiziente Nachhaltigkeit zu organisieren, da gehören Demeter und andere als Ideenfabrik dazu. Letztere müssen sich allerdings von einer Haltung des Sich-selbst-Verabsolutierens verabschieden, aber auf diesem Weg sind sie. Das können Sie auf der Bio-Fachmesse in Nürnberg schon im Habit sehen. Vor 20 Jahren waren dort die Birkenstock-Träger in der Mehrheit."

G: „Helmut Kohl trug auch Birkenstock-Sandalen."

Minister Schmidt: „Das hatte bei ihm eher mit der Körpergröße zu tun. Lassen Sie mich aber auch noch sagen, dass wir neben der Produktions- auch die Verarbeitungseffizienz erhöhen müssen. Wir haben einfach zu viele sogenannte Verluste nach der Ernte. Rein rechnerisch müsste schon heute niemand auf der Welt hungern, wenn Transport, Lagerung, Kühlung und Verarbeitung vor allem in den südlichen Ländern effizienter wären, da sind wir erst bei vermutlich 50 Prozent."

Damit der Minister sein zweites Brot in Ruhe belegen kann, diesmal mit Schinken, formuliert der umsichtige G seine nächste Frage etwas raumgreifender:

G: „Wenn Sie den Begriff ‚Fleisch' googeln, stoßen Sie seitenweise auf Warnungen. Da gibt es einen ethischen Ansatz, der sehr machtvoll daherkommt. Andererseits ernähren sich nur ein, zwei Prozent der Deutschen rein vegan. Lässt sich die Politik da von einer Minderheit treiben? Denn was isst die Mehrheit der Deutschen am liebsten? Fleisch. Auf Platz zwei folgen Nudeln – aber die am liebsten à la Bolognese, also mit Hackfleisch. Auf der einen Seite liegt acht von zehn Deutschen das Tierwohl am Herzen, aber wenn du sie an die Fleischtheke führst, ist ihnen das völlig egal."

Minister Schmidt: „In der Tat gibt es einen Unterschied zwischen dem Verhalten an der Ladentheke und dem, was allgemein vielleicht als politisch korrekt empfunden wird. Trotzdem ist der Preis nicht alles. Diese 250 Gramm Butter hier auf dem Tisch, vielleicht nicht einmal aus heimischer Herkunft ..."

G: „Aus der Bretagne, bitte um Nachsicht ..."

Minister Schmidt: „Sei gewährt. Dieses Stück Butter kostet beim Discounter momentan knapp unter zwei Euro. Vor einem Jahr: 89 Cent. Hat das Auswirkungen auf die Nachfrage? Nein."

D: „Apropos Nachfrage ..."

Minister Schmidt: „Etwas Käse nehme ich gerne noch."

G: „Und eine Scheibe Brot?"

Minister Schmidt: „Gerne. Ich komme ja aus einer Bäckerei, bei uns zu Hause haben wir allerdings nie frisches, sondern immer ein paar Tage altes Brot gegessen. Und bitte noch etwas von der bretonischen Butter. Dazu muss ich Ihnen eine Episode während einer Landwirtschaftsministerkonferenz in Mecklenburg-Vorpommern erzählen. Till Backhaus von der SPD, der dienstälteste deutsche Länderministerkollege, drehte mächtig auf, was wir nicht endlich alles tun müssten für die deutschen Bauern. Da fällt mein Blick auf die Butter und ich sage: ‚Was sehe ich denn da, Herr Kollege Backhaus? Kerrygold. Aus Irland!' Von da an nahm die Diskussion einen anderen Verlauf."

D: „Halten Sie es für denkbar, dass irgendwann der letzte deutsche Acker in einen Golfplatz umgewandelt wird und wir Fleisch aus dem Reagenzglas oder aus der Petrischale essen?"

Minister Schmidt: „Ich erwarte es nicht und ich würde alles tun, um dagegen zu kämpfen. Sogenannte Ersatz-Lebensmittel halte ich schon wegen mancher Inhaltsstoffe für bedenklich, das kann kein Verbraucher mehr überblicken. Jedes dieser Produkte ist zusammenkomponiert und hat mit dem natürlichen Ursprung nichts mehr zu tun. Das gilt übrigens auch bei manchen veganen und vegetarischen Lebensmitteln. Manche Erzeugnisse kommen als ‚vegan' daher, nur weil sie kein Fleisch oder kein tierisches Produkt enthalten, aber welche Mischungen aus welchen Labors da drin sind, das ist noch eine ganz andere Frage."

D: „Bestimmte Tofu-Sorten enthalten Calciumsulfat, auch als Gips bekannt."

Minister Schmidt: „Man sieht's und schmeckt's. Ich bin kein Tofu-Esser, aber Frank Plassberg hat in seiner Sendung mal ein Tofu-Huhn präsentiert, das sollten wir probeessen. Ich kann nur sagen: Das ist zu Recht kein Hühnchen. Ich bleibe dabei, dass wir an der Lebensmittel-Klarheit und -Wahrheit festhalten und bei den Grundprodukten bleiben sollten, dazu gehört auch Fleisch. Im Übrigen ist der Fleischkonsum in Deutschland rückläufig, in den letzten 20 Jahren um etwa ein Viertel. Vegan hat vom Markanteil her trotzdem nicht die große Durchschlagskraft..."

G: „Bei der Lautstärke aber schon."

Minister Schmidt: „Das stimmt, selbst der Senf hier auf dem Tisch wird laut Etikett schon als vegan bezeichnet. Ich nehme es ein Stück weit als Trend, so wie andere Trends auch. Glutenfrei zum Beispiel – Gluten als Bindemittel kann tatsächlich unverträglich sein, nur: Zöliakie ist bei 0,3 Prozent der Bevölkerung theoretisch gegeben, aber zehn Prozent der Lebensmittel werben damit, sie seien glutenfrei. Irgendwie scheint mir das auch schick zu sein, die tatsächliche gesundheitliche Relevanz ist viel geringer."

D: „Eine Hassfigur ist die sogenannte Massentierhaltung. Die produziert, das muss man sagen, gelegentlich wirklich unschöne Bilder. Müsste man da manchen Produzenten nicht härter auf die Finger klopfen?"

Minister Schmidt: „Die Entwicklung ist in den letzten Jahren sehr positiv. Es gibt Fälle, die nicht in Ordnung sind, der größte war der des Schweinezüchters Straathof in Sachsen-Anhalt. Das war schon nicht mehr Massen-, das war Megatierhaltung. Mein Weg ist, dass wir die gesetzlichen Regelungen, wo notwendig, ergänzen. Das wird jetzt der Fall sein bei der Nutztierhaltungsverordnung mit Blick auf die sogenannten Kastenstände in der Schweinezucht, die müssen größer werden. Dazu kommt das Tierwohl-Label, von dem ich erwarte, dass es bei den Verbrauchern einen Effekt hat."

G: „Eier aus Legebatterien sind inzwischen fast unverkäuflich, was zeigt, dass eine deutliche Etikettierung tatsächlich funktionieren kann."

Minister Schmidt: „Stimmt, allerdings sind Eier leichter zu klassifizieren als beispielsweise Wurst, die unterschiedliche Zutaten enthält."

G: „Kritiker des Fleischkonsums haben einen mächtigen Verbündeten, nämlich die Macht der Bilder. Filme aus den Fleischfabriken erschrecken jeden normal empfindenden Menschen. Was geht Ihnen durch den Kopf, wenn Sie sowas sehen?"

Minister Schmidt: „Ich komme vom Land. Ich weiß, wie es ist, wenn man einige Schweine hält, ich kenne die Hausschlachtung und ich kann verstehen, dass das Menschen verstört, die damit nicht so vertraut sind."

G: „Dabei ist das, was sie da beschreiben, ja ein natürlicher Vorgang, den wir uns alle wünschen würden. Es geht um Massentierhaltung."

Minister Schmidt: „Ja, wobei die Haltung der paar Schweine, die wir in meiner Kindheit hatten, nach heutigen Maßstäben sicher auch angreifbar war. Was wir unter anderem brauchen, ist mehr Transparenz. Die Frage ‚Ach, das niedliche Schweinchen, warum muss das denn da so stehen?' darf man nicht einfach beiseitewischen. Ich sehe die Notwendigkeit, den ganzen Prozess vom Tier bis zur Wurst transparent zu machen. Das gilt für die Herkunft, aber auch für die Frage: Wer war wann, wo und wie beteiligt? Möglich ist das über die sogenannte Chargen-Verfolgung jetzt schon, sie ist nur nicht öffentlich. Im Gegenzug brauchen wir aber auch eine Verständigung mit den Kritikern darüber, wie wir diese Diskussion führen. Irgendwo einbrechen und heimlich Filme drehen, kann nicht die Lösung sein."

G: „Muss Fleisch in Deutschland teurer werden?"

Minister Schmidt: „Wenn wir mehr für's Tierwohl erreichen wollen: Ja."

D: „Haben Sie eine Vorstellung, in welche Richtung das gehen soll?"

Minister Schmidt: „Jedenfalls nicht über eine Steuer. Steuern gaukeln einen Lenkungseffekt vor, den sie nicht haben. Der einzige, der sich freut, ist der Finanzminister. Wenn Sie wollten, dass deutlich weniger Fleisch gegessen wird, müssten Sie mit einer Steuer so fuhrwerken, dass es prohibitiven Charakter hätte."

D: „Und die Steuer würde, obwohl sie keinen Lenkungseffekt hat, nie wieder abgeschafft."

Minister Schmidt: „Ich bitte Sie, mir das Beispiel der berühmten Sektsteuer jetzt zu ersparen. (Greift zu einem weiteren Mozzarella-Tomaten-Spießchen.) Der Lebensmitteleinzelhandel nutzt Sonderangebote, um Kunden ins Geschäft zu locken. Ein Pfund Grillfleisch für 1,99 Euro, so ein Preis ist bei bestimmten Ansprüchen an die Tierhaltung schwer zu begründen, andererseits kann ich Sonderangebote ja nicht verbieten. Was wir gemacht haben: Wir haben das Verbot des Verkaufs unter Einstandspreis wieder etwas bezahnt, nachdem Gerichte daraus einen ziemlich zahnlosen Tiger gemacht hatten. Ansonsten können wir mit Verbraucheraufklärung dagegenhalten, die wirkt allerdings eher mittelfristig. Letztlich geht es auch um die Frage, was einer Gesellschaft gutes Fleisch wert ist."

» Ein Pfund Grillfleisch für 1,99 Euro, so ein Preis ist bei bestimmten Ansprüchen an die Tierhaltung schwer zu begründen ... «

Vor ein paar Monaten erst hat der Landwirtschaftsminister die Meinung der Deutschen dazu erkunden lassen. In der forsa-Erhebung erklärten 87 Prozent der Befragten, sie wünschten sich eine bessere Tierhaltung. 88 Prozent bekundeten, sie seien bereit, für Fleisch aus artgerechter Tierhaltung mehr zu zahlen als bisher. Wie viel? Durchschnittlich 13,60 Euro pro Kilo. Auffällig ist, dass die Freigiebigkeit mit dem Alter abnimmt: Die 14- bis 18-Jährigen würden am tiefsten in die Tasche langen, wenn es den Tieren dadurch besser geht – 14,70 Euro wären sie breit zu zahlen. Mit jeder Altersstufe schrumpft die Zahlungsbereitschaft, wer 60 Jahre und älter ist, dem ist das Tierwohl nur noch 12,20 Euro pro Kilogramm wert.

Dabei sind die Deutschen noch immer eine Fleischesser-Nation. 53 Prozent der Bundesbürger nennen als Lieblingsgericht eine Fleisch-Mahlzeit – am allerliebsten werden Rouladen verputzt, gefolgt von Wild, Schnitzel und Schweinebraten. Geflügelgerichte, von neun Prozent der Befragten als Lieblingsmahlzeit benannt, werden übrigens in dieser Umfrage nicht zum Fleisch addiert. Pasta essen 38 Prozent der Deutschen am liebsten, aber was wären schon Nudeln ohne Fleisch: Spaghetti Bolognese liegen auf Platz eins, Lasagne (die Backofen-Pasta mit dem Hackfleisch zwischen den Nudelplatten) liegt auf Platz zwei. Gemüse, Fisch, Pizza folgen abgeschlagen auf den Plätzen.

Die Untersuchung gewährt darüber hinaus aufschlussreiche Einblicke in die Nahrungsaufnahme der Deutschen. Gekocht wird zunehmend ungern – am größten ist die Lust an der eigenen Essenszubereitung noch bei den ganz Jungen. Die Älteren trinken mehr Kaffee oder Tee als die Jüngeren. Die Ossis leben gesünder als die Wessis (weil die Ostdeutschen mehr Gemüse und die Westdeutschen mehr Süßigkeiten vertilgen). Frauen kaufen biologisch bewusster als die Männer, indem sie stärker auf Bio- und andere Siegel achten.

Die meisten Deutschen folgen beim Essen der Tradition – Frühstück, Mittagessen, Abendbrot. 40 Prozent naschen gern vorm Fernseher oder vorm Computer. 41 Prozent verdrücken gern Tiefkühl-Pizza, Light-Produkte allerdings sind weniger gefragt. Zwei Drittel der Befragten halten übrigens, aller negativen Berichterstattung zum Trotz, die Lebensmittelproduktion in Deutschland für gut oder sogar sehr gut. Immer mehr Menschen kaufen ihre Lebensmittel im Supermarkt oder beim Discounter – Märkten, Bauern- und Bioläden dagegen kommt die Kundschaft zunehmend abhanden.

D: „Werden regionale Produkte von der Kundschaft angenommen?"

Minister Schmidt: „Für ‚Regional' wird mehr gezahlt. Wobei die Definition, was regional ist, ihre Tücken hat, wenn es um unterschiedliche Zutaten geht. Aber so etwas wie das Hohenloher Schwein zum Beispiel wird durchaus gut angenommen."

D: „Die berühmte schwäbische Haussau! Kam als Rasse übrigens ursprünglich aus China, wie wir gelernt haben."

Minister Schmidt: „Und jetzt verkaufen wir sie den Chinesen wieder, nicht schlecht."

D: „Wird Fleisch bei uns irgendwann ein teures Nischenprodukt sein? Franzosen und Italiener zum Beispiel sind ja durchaus bereit, für gute Lebensmittel mehr auszugeben."

Minister Schmidt: „Ich bin durchaus bereit, den Fleischkonsum auch unter ökologischen Aspekten durchzudeklinieren. Nach meiner Überzeugung wird der mitteleuropäische Fleischkonsum weltweit nicht abbildbar sein. Das ist aber auch eine sehr theoretische Größe, weil zum Beispiel in Asien viel mehr Fisch gegessen wird. Für mich ist der Ausgangspunkt die kulturelle Tradition, in diesem Rahmen lässt sich auch der Fleischverzehr organisieren. Etwas tun müssen wir bei den Themen Methan (ein Treibhausgas, das unter anderem beim Wiederkäuen von Rindern entsteht; rülpst die Kuh, erwärmt sich die Erde) und Ammoniak (entsteht ebenfalls bei der Tierhaltung). Zusammen mit den Uruguayern, die da sehr weit sind, arbeiten wir an der Fütterung, dadurch lässt sich allein Methan um 30 Prozent verringern."

G: „Kann man das Zeug nicht filtern?"

Minister Schmidt: „Da bekommen Sie sofort einen Zielkonflikt. Tierschützer und die Bevölkerung sind für offene Ställe, die Tiere laufen herum und haben frische Luft. Unter Umweltgesichtspunkten müsste man genau das Gegenteil machen, denn auf einen Schweinestall kann ich einen Filter bauen. Meine Abwägung lautet: im Zweifel für das Tierwohl."

D: „Wie oft kaufen Sie ein?"

Minister Schmidt: „Relativ häufig. Während der Woche in Berlin muss ich mich selbst versorgen, und so trifft man sich gelegentlich in einem bestimmten Supermarkt. Einmal trafen sich dort spätabends zufällig Angela Merkel, Franz Müntefering und ich."

D: „Wie beschreiben Sie Ihr eigenes Ernährungsverhalten? Ihre Liebe zum Sauerbraten kennen wir nun schon."

Minister Schmidt: „Ich bemühe mich um Abwechslung, versuche ein- bis zweimal in der Woche Fisch zu essen. Den ‚Veggie Day' würde ich allerdings nicht erfüllen, dafür esse ich einfach zu gerne Fleisch und Wurst, aber auch Käse und Vollkornbrot. Das Süße mag ich nicht sonderlich gern. Deswegen habe ich um die Marmelade, wie Sie sicher bemerkt haben, einen Bogen gemacht. Und das sage ich jetzt nicht, weil ich bei Ihnen in Frankfurt bin: Meine Schwiegermutter, die relativ häufig bei uns ist, zaubert eine Grüne Soße, mit Kräutern aus der Kleinmarkthalle, dazu Kartoffeln. Das ist das beste vegetarische Gericht, das ich mir vorstellen kann."

GESPRÄCHSPARTNER

Christian Schmidt, Jahrgang 1957, stammt aus Obernzenn, das liegt bei Neustadt an der Aisch in Mittelfranken. Er gehört der CSU an und ist seit Mitte Februar 2014 Bundesminister für Ernährung und Landwirtschaft. Davor, von 2005 bis 2013, war er Parlamentarischer Staatssekretär im Verteidigungsministerium, nach der Bundestagswahl 2013 und bis zur Ernennung zum Minister Parlamentarischer Staatssekretär im Ministerium für wirtschaftliche Zusammenarbeit und Entwicklung.

Zehnter Gang

Meine Küche spricht mit mir

Wenn wir im Jahr 2030 zu Tisch gebeten werden – was wird uns da serviert? Besuch in einer Zukunftsschmiede der Ernährungswirtschaft.

> Nicht jedes Fleischstück, das gegessen wird, muss aus einem Tier gewonnen werden.
> *Lena, Tierpflegerin, Teilnehmerin an Workshops für eine Nestlé-Zukunftsstudie*

Die Zukunft mag sich ändern, aber eine Frage bleibt: Was gibt's zu essen? Fleisch aus der Tube, wie bei den Astronauten? Im

Wir müssen lernen, damit zu leben

Chemie-Labor gezüchtetes In-Vitro-Fleisch? Wie schmecken Insekten? Werden wir bald alle Algen futtern? Werden die Menschen sich in wenigen Jahrzehnten nur noch fleischlos, freudlos, vereinsamt, aber ultragesund ernähren? Wir erhoffen uns Aufklärung hinter den Glasfassaden eines monumentalen Gebäudekomplexes im Frankfurter Stadtteil Niederrad, in der Deutschland-Zentrale des Lebensmittelkonzerns Nestlé.

Eine eigentümliche Expedition macht sich im „Competence Center" des Unternehmens auf in Richtung Zukunft. Neben den unvermeidlichen D und G finden sich in einem Raum voller blinkender Riesenbildschirme und Schautafeln Barbara Röder, Vorsitzende des Hessischen Kochverbandes, der Sterne-Koch Christoph Rainer, die beiden Expeditionsleiterinnen Nora Möbus, Chefin dieses futuristischen Showrooms, und Jessica Meier, „Food Assistentin" der Nestlé Professional, sowie Alexander Antonoff, stellvertretender Chef der Nestlé-Unternehmenskommunikation.

Nestlé, weltgrößter Nahrungsmittelkonzern (418 Produktionsstätten, in 191 Ländern aktiv, 328.000 Beschäftigte) ist nicht nur Lebensmittelproduzent, sondern hat vor allem eine geballte Macht an Wissen über alle Fragen der Ernährung gesammelt. Kritiker werfen dem Konzern leichtfertigen Umgang mit seiner übermächtigen Marktstellung vor, gerne werden im Internet die Skandale aufgezählt: So wurde Nestlé heftig attackiert, weil in den 70er und 80er Jahren Milchpulver an Mütter verteilt wurde – viele Kinder seien gestorben, weil das Pulver mit verunreinigtem Wasser verrührt wurde. Nespresso wird vorgeworfen, dass deren Kaffeekapseln die Müllberge anschwellen lassen. Und schließlich war da die Sache mit dem Trinkwasser – ein Nestlé-Verwaltungsrat wurde aus einem Interview verkürzt zitiert. Demnach sollte er geäußert haben, der freie Zugang zu Trinkwasser sei kein Menschenrecht – tatsächlich geäußert hatte er allerdings, dass es kein Menschenrecht auf Wasser für Swimmingpools gebe.

Gerade das letzte Vorkommnis empörte die Internet-Gemeinde, Nestlé ist ja nebenher Marktführer für in Flaschen abgefülltes Trinkwasser. Das Misstrauen bei manchen ist groß, weil der Konzern sich in der Vergangenheit gern in vornehmer Zurückhaltung übte. „Als ich hier anfing", erzählt Nora Möbus, „wusste ich im Wesentlichen zwei Dinge über Nestlé – dass der Konzern auf Youtube Ziel für viele kritische Beiträge ist und dass ihm sehr viele Marken gehören." Die Nestlé-Markenwelt ist denn auch gewaltig: von den Wassern (zum Beispiel Vittel, Aqua Panna, San Pellegrino) über Nudeln (Buitoni), Naschwerk (zum Beispiel After Eight, Choco Crossies, Cookie Crisp, Kitkat, Rolo, Smarties und Yes), den Wurst-Produzenten Herta, die Brühwürfel-Schmiede Maggi, die Kaffee-Kultmarke Nespresso, den Mayonnaisen- und Öl-Hersteller Thomy und den Pizzabäcker Wagner bis hin zu Garden Gourmet, einem Hersteller für vegane Lebensmittel. Das „Competence Center" soll als Schaukasten des Unternehmens fungieren, Nestlé öffnet sich. Vor allem soll präsentiert werden, was Heerscharen von Forschern im Dienste des Unternehmens herausgefunden haben.

Die beiden Expeditionsleiterinnen fangen ganz von vorne an. Wer hat es erfunden? Heinrich Nestle war's, am 10. August 1814 in Frankfurt geboren, als elftes von 14 Kindern. Fünf ältere Geschwister waren bereits tot, als er auf die Welt kam. In der Töngesgasse wuchs er auf, von 1829 bis 1833 absolvierte er eine Lehre in der Brückenapotheke. Dann, 1839, wanderte der Frankfurter abrupt in den französischen Teil der Schweiz aus, weil er dort eine größere Bereitschaft vermutete, seinem Forscherdrang gerecht zu werden. Aus Heinrich wurde Henri und aus Nestle Nestlé. Er war ein Tüftler, schon in seinen Anfängen zeigte er einen Hang zur Diversifikation: Er produzierte Essig, Knochenmehl, Likör, Öl, Senf, Mineralwasser ... Und erinnerte sich an seine Familie, an die hohe Kindersterblichkeit. Damals, in den 60er Jahren des 19. Jahrhunderts, hatte Justus von Liebig den Vorläufer der heutigen Babynahrung entwickelt, eine „Suppe für Säuglinge".

Nestlé fügte dem Rezept kondensierte Milch hinzu – fertig war das „Kindermehl", die erste Babykost in Pulverform.

Bevor heutzutage neue Säuglingsnahrung auf den Markt gebracht wird, wird sie aufwändig getestet. Der kinderlose Nestlé rettete einem Nachbarskind das Leben – das war der Anfang seiner einzigartigen Erfolgsgeschichte. „Le Petit Wanner", der kleine Wanner, war wie so viele Kleinkinder seiner Zeit dem Tode geweiht. Tagelang hatte er die Muttermilch erbrochen, die Eltern setzten ihre letzte Hoffnung auf Monsieur Nestlé und dessen neue Erfindung. Der nahm den Säugling zu sich nach Hause und fütterte ihn mit seiner Milchmehl-Mixtur. Wanner erholte sich schnell und das Haus des Henri Nestlé wurde zur Pilgerstätte für viele Hebammen und Ärzte, die das Wunder begutachten wollten. Die Rettungstat wirkte besser als jeder Werbefeldzug. Die Fertignahrung musste bald schon in Massenproduktion hergestellt werden.

Jessica Meier stellt eine betagte Dose auf den Tisch: „Letztlich war das die Keimzelle für unser Unternehmen. So sah das damals aus, die Originalausgabe der Kindermehl-Dose."

D zu G: „Das kennst du wahrscheinlich noch!"

D: „Vielleicht verwendet unser Spitzenkoch am Ende ja auch Tütensuppen für seine Kreationen. Wir wissen es nicht."

Christoph Rainer: „Ich habe tatsächlich schon Nestlé-Produkte, naturbelassene Fonds aus dem Premium-Sortiment, für Großveranstaltungen und Caterings mitverarbeitet. In der Restaurantküche käme ich allerdings nicht darauf, zum Beispiel Maggi-Produkte zu benutzen – aber ich verknüpfe damit sehr wohl Kindheitserinnerungen. Wenn wir sonntags bei den Großeltern am Tisch saßen, dann stand die Maggi-Flasche da – ohne das Fläschchen wäre die Suppe für meinen Opa gar kein Genuss gewesen. Kaum kam die Suppe, da hatte er schon die Maggi-Flasche in der Hand; er probierte noch nicht einmal vorher, wie es denn wohl ohne schmecken würde."

Nora Möbus: „Der Konzern hat sich insofern umgestellt, als sich Ernährung immer stärker mit Gesundheit verbindet. Heute sind wir eine Company, die einerseits Kitkat verkauft, und zwar zuckerreduziert. Andererseits stehen wir aber vor der Aufgabe, uns zu einem Gesundheits- und Wellness-Konzern zu entwickeln. Dabei spielt die Forschung eine zentrale Rolle."

2016 umrundeten die beiden Schweizer Bertrand Piccard und André Boschberg in einem solargetriebenen Fluggerät, der Solar Impulse, die Erde. Extreme Höhenunterschiede (bis zu 8.000 Meter hoch ohne Druckausgleich), extreme Temperaturstürze, extrem kurze Schlafphasen (20 Minuten) – und extreme Anforderungen an die Ernährung. Forscher entwickelten elf Mahlzeiten und Snacks, vom Pilz-Risotto über das Kartoffel-Gratin bis hin zur Curry-Suppe, manche mit Energie, Kohlenhydraten und Fett aufgeladen, andere aufgepeppt mit Proteinen. Da die Piloten in der Höhe das Hungergefühl verließ und beim stundenlangen Sitzen die Muskeln schwinden, musste die Nahrung raffiniert konfiguriert werden, bis hin zur Verpackung. Für Nestlé war die Beteiligung an dem Flugabenteuer eine Gelegenheit, futuristische Nahrungsmittel auszuprobieren, am lebenden Objekt gewissermaßen.

Nora Möbus: „Am Anfang haben wir das nicht nachvollziehen können. Unser Unternehmen hat ja bereits Nahrungsmittel für Astronauten oder U-Bootfahrer entwickelt – warum haben hier mehrere Forscher fünf Jahre lang Spezialnahrung für diese beiden Männer entwickelt? Aber dann haben wir gesehen, dass unsere Wissenschaftler Lösungen finden mussten für diese sehr extremen, sehr unterschiedlichen Situationen.

Die Aufgabenstellung war derart vielfältig, dass wir sehr viel davon lernen konnten. So mussten die Solarpiloten das Essen mit einer Art Daumen-Yoga einhändig öffnen können. Der Löffel zum Beispiel war mit GPS ausgestattet – weil er ja schon mal runterfällt. All die Forschungserfahrungen, die wir dabei gesammelt haben, fließen ein in unsere Planspiele für die Zukunft.

Bei Nestlé ist es im Grunde wie bei seinem Gründer: Erst kommt die Forschung. Zum Beispiel in der Grundlagenforschung: Alzheimer. Krebs. In-Vitro-Fleisch. Und seit kürzerer Zeit auch Epigenetik. Ich erkläre das mal am Beispiel einer Ratte. Man hat Ratten über fünf Generationen ausschließlich mit Weißmehl gefüttert, in der fünften Generation gab es Totgeburten. Mit anderen Worten: Das, was ich heute konsumiere, hat nicht nur Einfluss auf meine Gesundheit oder auf mein Kind, sondern auf mehrere Generationen danach. Es gibt noch ein Beispiel: Jeder zweite in Europa hat eine Zahnspange. Da gibt es die These, dass das von unserer Ernährung während der letzten 50 bis 60 Jahre herrührt – weil wir die Maiskolben nicht mehr kauen, zum Beispiel."

G: „Oder weil die Zahnärzte ein prächtiges Geschäftsmodell gefunden haben."

Nora Möbus: „Ich glaube, das hat sich daraus entwickelt. Und sicher haben viele kein Interesse daran, dass sich daran wieder etwas ändert."

In der Nahrungsmittelforschung von Nestlé ist ein Schwerpunkt die Mangelernährung, vor allem auf dem asiatischen und dem afrikanischen Kontinent. Tütenspeisen werden dort mit Vitamin C oder anderen Nährstoffen aufgewertet, damit die Konsumenten wenigstens auf diese Weise mit den notwendigsten Inhaltsstoffen versorgt werden. Da auch bei den konservativsten Medizinern inzwischen unstrittig ist, dass viele Krankheiten durch falsche Ernährung hervorgerufen werden und viele andere Krankheiten durch eine Ernährungsumstellung kuriert oder mindestens im Zaum gehalten werden können, ist die Gesundheit die größte Aufgabe der Nahrungsmittelforschung.

Nora Möbus: „Diabetes ist ein Mega-Thema, vor allem auch in Verbindung mit Übergewicht, in Amerika, schizophrenerweise auch in Indien. In Deutschland erkranken jeden Tag 700 Menschen am Diabetes-Typ 2, der erworbenen Diabetes. Allergien sind immer noch ein Mega-Thema. Und schließlich der Themenbereich Gesundes Altern. 70 ist die neue 40 ..."

D: „Aber sind denn alle Krankheitsbilder, von denen wir ständig hören, wirklich real? Unser Landwirtschaftsminister hat soeben berichtet, dass in Deutschland zwar zehn Prozent der Lebensmittel glutenfrei sind – aber nur 0,3 Prozent der Bevölkerung leiden an einer Glutenunverträglichkeit."

Nora Möbus: „Gesundheit ist einer der meistgegoogelten Begriffe im Internet. Ich zeige Ihnen hier was. Als der Tennisspieler Novak Djokovic im Frühjahr 2014 sein Buch ‚Siegernahrung' herausbrachte, in dem er für glutenfreie Ernährung als Grundlage für Höchstleistung warb, da tauchte dieser Begriff Glutenfrei plötzlich überall auf, in Diskussionsforen, auf den Suchmaschinen, auf Facebook ... Die Menschen sind zunehmend auf der Suche nach Lösungen für Gesundheitsprobleme, die sie in der klassischen Medizin nicht finden. Und dabei rangiert die Ernährung ganz weit oben. Da geht es schon lange nicht mehr nur um Gewichtsverlust. Es geht um Akne, zum Beispiel, um Beinschmerzen, um Multiple Sklerose, um Alzheimer ... Immer mehr Studien belegen den Zusammenhang zwischen Ernährung und den Zivilisationskrankheiten. Durch die Wucht des Internets könnten manche Informationen sich auch verselbständigen oder fehlgeleitet werden."

Barbara Röder: „Ist es nicht so, dass viele Menschen sich ein individuelles Ernährungskonzept schaffen, um in der Masse aufzufallen?"

Nora Möbus: „Persönlichkeitsdefinition über das Essen spielt in jedem Fall eine Rolle. Ich bin, was ich nicht esse."

G: „Ich vermute, herkömmliche Fleischesser denken weniger darüber nach. Aber Veganer schon. Sie sagen: Ich will ein besserer Mensch sein. Da dient die Ernährung nicht nur der Gesundheit, sondern ist auch Nachweis einer gewissen ethischen Haltung."

Weiter geht es durch den Ernährungsparcours, die Expeditionsteilnehmer werden ohne Unterlass mit Wissen gefüttert.

Jessica Meier: „Wir haben hier einmal versucht zusammenzustellen, welche Ernährungsformen es überhaupt gibt. Alle hier aufgeführten Möglichkeiten versprechen das gleiche: ein gesundes Leben, hohes Alter. Nichts aber ist gegensätzlicher als die Überzeugungen über die richtige Ernährungsform. Die Rohkostler speisen Salat und Gemüse, wie es der Name schon sagt: roh."

Die Ayurveda-Vertreter fordern, alles müsse gekocht werden. Die Vertreter der Paleo-Ernährung – Steinzeitküche – sollen wie vor zweieinhalb Millionen Jahren alles zu sich nehmen, was zu pflücken oder zu erbeuten war: Fleisch, Fisch, Gemüse, Obst, Pilze, Nüsse – nicht jedoch Getreide, Milch, Brot oder Alkohol. Für die vegetarische Ernährungsform hingegen sind Fleisch, Fisch, Eier, Milch und Honig, zum Beispiel, tabu, alles Nichttierische hingegen ist erlaubt. Jessica Meier: „Ein aktueller Trend heißt Pegan – eine Zusammenführung von Paleo und Vegan." Der von „Brigitte" und anderen Fachmagazinen bejubelte Trend vereinigt das Unvereinbare mit einem simplen Trick: Mindestens die Hälfte der Nahrung soll zwar aus Gemüse bestehen – aber Fleisch ist nicht verboten: es wird auf dem Teller des Peganers zur Beilage.

» Durchschnittlich alle vier Monate entsteht ein neuer Ernährungstrend … «

Jessica Meier: „Durchschnittlich alle vier Monate entsteht ein neuer Ernährungstrend, viele von ihnen entstammen dem Internet. Von den rund 200.000 Bloggern in Deutschland beschäftigen sich rund zehn Prozent mit dem Thema Ernährung. Viele der so genannten Food-Blogger verfügen über keinerlei wissenschaftlichen oder ökotrophologischen Hintergrund. Dennoch beeinflussen sie ihre Leserschaft und letztlich auch die Ernährungsszene. Eine Frage habe ich: Haben Sie schon mal Ihr Essen fotografiert?"

G: „Nein danke, aber meine Töchter machen das andauernd."

D: „Meine Tochter auch."

Christoph Rainer: „Wenn ich in einem Restaurant sitze, und es gibt ein Gericht, das mir besonders gut gefällt – dann fotografiere ich es schon mal."

Nora Möbus: „Schauen Sie mal auf Instagram oder Pinterest. Was gehört zu den meistgeposteten Motiven? Essen!"

Jessica Meier: „Online-Kochbücher werden ja derzeit immer mehr genutzt."

D: „Chefkoch.de!"

Nora Möbus: „Captain Cook, Maggi-Rezepte usw. Da gibt es ja unendlich viel.".

Auf einem Foto ist ein Junge zu sehen, der sich seinem Handy widmet statt seinem Essen. „Wir arbeiten schon an einer Essensverpackung, die man mit einer Hand öffnen kann", weiß Jessica Meier, „damit man beispielsweise sein Handy nicht weglegen muss."

G: „Der Handy-Gebrauch bei Tisch ist ja inzwischen allgemein üblich – ich persönlich halte es gleichwohl für eine Unart. In jener fernen Zeit, als man sich meiner Erziehung widmete, hat die Mutter noch gemahnt: Wenn du isst, dann isst du. Da wird nicht noch nebenher im Comic-Heft geblättert. Da wird man krank davon!"

Christoph Rainer: „Ich bin ja mit Anfang 40 noch im Spätherbst der Jugend. Ich muss aber sagen, dass es bei uns zu Hause undenkbar gewesen wäre, dass während des Essens noch nebenher ein Fernseher gelaufen wäre. Bei meinen Großeltern habe ich noch mit unter die Achseln geklemmten Büchern zu essen gelernt, damit ich nicht so mit den Armen rumgerudert bin."

G: „Bei den Italienern ist übrigens schon immer bei Tisch der Fernseher gelaufen."

Die Themen huschen jetzt vorbei, die Expedition schaut von einer Ecke in die nächste und erweist sich als recht sprunghaft. Nora Möbus versucht, Ordnung in die Gesprächsform zu bringen: „Wie wird der Lebensmittelmarkt in der Zukunft sein? Es gibt zum Beispiel Überlegungen, ganze Regalflächen den unterschiedlichen Ernährungstypen zuzuordnen. In Neuseeland hat eine Supermarkt-Kette den Aufbau ihrer Geschäfte nach Persönlichkeit organisiert. Da gibt es einen Vegan-Corner, eine Genussstraße für Menschen, die bereit sind, mehr Geld auszugeben für das Essen. Es gibt eine Fleischwelt – alles ist auf die Individualität der Kunden bezogen."

Schön und gut, denkt sich der Sterne-Koch, ist aber mit seinen Gedanken ganz woanders. Christoph Rainer: „Ich habe neulich an einem Kunstprojekt mit dem Künstler Jörg Strobel teilgenommen, bei dem wir das Abendmahl nachgestellt haben. Die Jünger waren die unterschiedlichen Ernährungstypen, ich war als Koch der Verkünder. Die gesamte Szenerie wurde fotografiert und wird nun in Öl gemalt."

D erregt sich über die 3-D-Pizza. „Da ist bei mir Schluss", sagt er, „wenn ich mir vorstelle, ich komme heim, mein Frau hat einen Zettel in der Küche ausgelegt: ‚Ich bin mit Gaby im Kino, druck dir doch eine Pizza aus.' Dann meutere ich! Das will ich nicht! Dann geh ich lieber zu ihm nach Schloss Elmau." Zeigt auf den Sterne-Koch.

Christoph Rainer: „Keine schlechte Alternative!"

Jessica Meier hat blitzschnell das nächste Thema am Wickel: „Womit wir bei einem der Kernthemen von Nestlé wären – der Out-of-home-Küche. Wir sind an ganz vielen Stellen mit unseren Produkten unterwegs – in Kantinen, Krankenhäusern, Schulen, Kindergärten, Restaurants. Die Dynamik in der Kulinarik ist rasant. Vieles entwickelt sich neu oder wird infrage gestellt. Tankstellen und Bäckereien etwa hatten wir vor wenigen Jahren noch nicht als gastronomische Betriebe im Blick. Wir sehen jetzt aber, dass die Anzahl der Besucher in Bäckereien in den letzten sieben Jahren um 52 Prozent gestiegen ist. Eine erfolgreiche Bäckerei bietet heute nicht nur ihr klassisches Sortiment (Brot, Brötchen, Kuchen), sondern verkauft Kaffee und belegte Brötchen, backt Pizza, und häufig gibt es dort komplette Mittags-Snacks. An Tankstellen gibt es ja schon lange mehr als nur Benzin und Schokoriegel – in den Spitzenläden sind jetzt bereits ehrgeizige Restaurants angeschlossen."

Nora Möbus: „Das ist tatsächlich neu. Alles verschmilzt miteinander. Ein Aldi eröffnet ein Bistro. Supermarktketten arbeiten mit Sterne-Köchen zusammen."

Bunte neue Welt. Den „Homing-Trend", referiert Jessica Meier kurz, gibt es natürlich auch noch – so nennt man das, wenn Menschen noch daheim frühstücken. Mittags verköstigt sich zumindest die berufstätige Bevölkerung „out of home", abends indes ist und isst auch der neuzeitliche Schaffer lieber daheim – um dann am Wochenende wieder aushäusig auf Kalorienjagd zu gehen. D, von den angelsächsischen Zustandsbeschreibungen überwältigt, begehrt zu wissen, ob denn „Out-of-home"-Konsumenten sich fundamental von jenen unterscheiden, die sich die Esswaren nach Hause liefern lassen. „Nein", bescheidet ihn Jessica Meier, „diese Typen haben beide etwas gemeinsam: Sie kochen nicht mehr selbst!" Vier Prozent der in Restau-

rants gefertigten Speisen werden ausgeliefert. Frau Röder weiß: „In Amerika gibt es Küchen, die haben 50 Köche – aber es gibt kein dazu gehörendes Restaurant. Alles wird ausgeliefert, zum Beispiel von Lieferando und ähnlichen Lieferdiensten." Wer doch noch selbst Hand anlegen will, sich aber keine Irrtümer leisten mag, der kann, zum Beispiel bei Unternehmen wie dem Berliner „HelloFresh", Kochboxen erstehen, in denen alle Zutaten für bestimmte Rezepte küchenfertig verpackt sind. Frau Röder zitiert aus einer Marktstudie, die Lieferdiensten weltweit einen einzigartigen Boom verheißt – nicht nur für Hamburger und Pizza, sondern „für das gesamte Spektrum" der Kulinarik.

G: „Für mich ist all das, was Sie hier beschreiben, ein deutlicher Hinweis darauf, dass das Wissen um die Essenszubereitung schrumpft."

Nora Möbus: „Ja, absolut, wir können gar nicht mehr kochen. Ich bin 30, ein typischer Millenial Gen Y."

An dieser Stelle muss der Übersetzer kurz hineingrätschen: Die so genannte Generation Y, der von dem Soziologen Klaus Hurrelmann ein Denkmal gesetzt wurde, als er sie als „heimliche Revolutionäre" hochlobte, definiert sich durch die zwischen 1980 und 2000 Geborenen. 2015 betraf das in Deutschland 22 Prozent der Bevölkerung. Die Ypsiloner gelten als gut ausgebildet, pflegen einen technikaffinen Lebensstil und streben einerseits gern in Führungspositionen, wollen sich aber andererseits nicht das Leben vermiesen, indem sie dem Beruf alles unterordnen. Sind Menschen wie Frau Möbus Vorboten der Küche der Zukunft? 76 Prozent der „Millenials", so steht es in der Nestlé-Studie „So kocht Deutschland", holen sich ihre Rezeptideen aus dem Internet. 77 Prozent der „Baby-Boomer" (Jahrgang 1950 bis 1965) dagegen nutzen weiterhin Kochbücher und Zeitschriften. Bei den „Millenials" muss alles flott gehen – 42 Prozent brauchen maximal zehn Minuten für die Zubereitung einer Mahlzeit. Unkompliziert soll alles sein und dennoch kreativ, Fertigprodukte und frische Ware werden munter gemischt.

Zurück zu Nora Möbus: „Für Menschen wie mich ist der Backofen eher Stauraum für Schuhe, als dass er für seine ursprüngliche Bestimmung genutzt würde."

G: „Welche Schuhe stellen Sie da rein?"

Nora Möbus: „Nur die besten!"

G: „Na, immerhin."

Irgendjemand erläutert: „Im Backofen kann man die Schuhe auch so schön ausleuchten!"

»Ja, absolut, wir können gar nicht mehr kochen. Für Menschen wie mich ist der Backofen eher Stauraum für Schuhe …«

D gibt den Starrsinnigen: „Meine Tochter ist um die 30 und wünscht sich trotzdem immer noch Kochbücher!"

Nora Möbus: „Es werden immer mehr Kochbücher gekauft, aber es wird trotzdem weniger gekocht. Es gibt ja auch immer mehr Kochshows im Fernsehen, ohne dass sich daran was ändern würde."

Die beiden Nestlé-Damen erzählen, wie sie denn kochen, wenn es doch mal über sie kommt. Nora Möbus hat einen Wok daheim und nutzt ihn (selten), bezeichnet sich selbst als international, probiert gern Dinge aus, während ihre Kollegin eher „klassisch" ausgestattet sei, sogar mit einem, „wie heißt es doch: Dampfkochtopf?" „Schnellkochtopf", schlägt jemand vor. „Gibt es sowas noch?", fragt Christoph Rainer. Nora Möbus nutzt Chefkoch.de, um sich auf die Schnelle rezept-fit zu machen, Jessica Meier schaut am liebsten gefilmte Anleitungen. Mitunter ruft sie auch ihre Mutter telefonisch zuhilfe – aber deren Angaben sind ihr nicht konkret genug: „Da musst du mal ein bisschen nachwürzen … Da musst du mal ein bisschen rühren …" „Mama, was heißt ein bisschen – sei doch mal ein bisschen präzise!"

Christoph Rainer steuert noch eine letztinstanzliche Bewertung von Kochshows bei: „Die sind ja gar nicht mehr darauf angelegt, dass der Zuschauer daraus etwas lernen soll. Man sieht eigentlich auch gar nicht so genau, wie das Gericht letztendlich zubereitet wird – irgendwann ist es halt fertig und wird am Ende von einer Jury bewertet. Das war's dann auch! Das dient lediglich noch der Unterhaltung"

Wie würden die Fernseh-Gewaltigen wohl darüber urteilen, wenn ihre Prüflinge ihnen gesottene und geröstete Algen oder gar knusprige Insekten servierten? In Deutschland sind Algen am ehesten Frauen bekannt – als glitschige Bestandteile der Thalasso-Therapie. In besseren asiatischen Restaurants gibt es Nori, Wakame, Kombu und Dulse schon heute als schmackhaftes Seegemüse. Forscher schwärmen von dem nährstoffreichen Lebensmittel, der Karlsruher Bio-Mediziner Karlis Briviba lobte im „Spiegel“: „Algen sind kalorienarm und liefern Proteine, Mineralstoffe, Vitamine und Omega-3-Fettsäuren.“ Und wie ist das mit den Insekten? 1.900 Insektenarten gelten derzeit als essbar, in 140 Ländern machen Käfer, Raupen und Heuschrecken schon die Menschen satt. Nach Einschätzung der Welternährungsorganisation werden die knusprigen Flugtiere, deren Eiweißgehalt von Lebensmittelkundigen gepriesen wird, schon in wenigen Jahrzehnten auf dem Speisezettel der gesamten Welt stehen. Dann gibt es „Heuschrecke statt Schnitzel“, textete der SWR. Bei der Vorstellung der Zukunftsstudie saß auch Renate Schmidt, die frühere Familienministerin, mit auf dem Podium – sie ist Vorsitzende des „Nestlé-Zukunfts-Forums“. Die Ex-Ministerin, die selbst gern gelegentlich Kaviar aus Algen verspeist, drängte die Manager zur Eile – sie sollten jetzt in den Zukunftsmarkt einsteigen: „Wer dabei die Nase vorn hat, wird auf Dauer vorn liegen.“
Aber die Nahrungsmittelexperten sind wohl zu Recht zögerlich. Insekten gibt es in Deutschland derzeit vorwiegend in Zoohandlungen, als Futter für Reptilien. Algen sind den germanischen Urlaubern vom Ostseestrand in unangenehmer Erinnerung. Und Laborfleisch, dem gleichfalls eine wichtige Rolle in der Ernährung der Zukunft zugeschrieben wird, mag sich derzeit kaum ein Konsument vorstellen. Die Zukunftsplaner werden wohl einen langen Atem brauchen.

Die Gruppe schlendert einmal quer durch den Raum, in die Küche der Zukunft. „Hier begegnen uns neue Gerätschaften. Nicht mehr nur die klassischen Geräte von Miele oder AEG, sondern zum Beispiel dieser Kühlschrank hier, vom Handy-Hersteller Samsung, erläutert Nora Möbus. Der „Family Hub RB7500" steht da wie ein ins Monumentale vergrößertes Mobiltelefon. Das gewaltige Display zeigt Uhrzeit, Wetter – und auf Wunsch das, was im Kühlschrank los ist. Das wird alle Zeitgenossen faszinieren, die der Herstellerangabe noch nie getraut haben, wonach beim Schließen der Kühlschranktür tatsächlich das Licht ausgeht. Wenn man auf dem riesigen Touchscreen die Schaltfläche „Food-Reminder" drückt, wird von drei Kameras gezeigt, was man auch beim Öffnen der Tür feststellen könnte: Wieviel Milch, Butter, Wurst, Tomaten oder Kitkat dort gekühlt werden. „Der Kühlschrank", erläutert Nora Möbus, „ist mit Ihrem Handy vernetzt – so kann man den Inhalt auch begutachten, wenn man gerade im Supermarkt steht. Desgleichen kann das Ganze mit Online-Rezept-Datenbanken verknüpft werden – der Kühlschrank kann mir diktieren, was ich noch fürs Essen brauche. Und bei welchen Lebensmitteln demnächst das Verfallsdatum erreicht wird." Alexander Antonoff erklärt: „Nestlé hat sich mit Samsung auf internationaler Ebene zusammengetan, um in einer Forschungspartnerschaft mit dem Know-how eines Technologiekonzerns und dem eines Nahrungsmittelskonzerns gemeinsame Lösungen für die Küche der Zukunft zu suchen. Diese Super-Küche soll zum Kommunikationszentrum künftiger Wohnungen werden, alles andere gruppiert sich drum herum."

Nora Möbus: „Solch ein Kühlschrank ist ja ein wachsendes System. Jetzt kommt Nespresso zum Beispiel hinzu – da werde ich aufmerksam gemacht, wenn ich nachbestellen muss."

D: „Nespresso hat mein Leben verändert."

Nora Möbus: „Meines auch."

G: „Was hast du nur für ein Leben."

Kurz wird gelacht, dann steht Nora Möbus bereits an der nächsten Station: „Und hier haben wir jetzt den berühmten 3-D-Drucker, den gibt es bereits in verschiedenen Varianten. Wir arbeiten hier mit Foodini zusammen. Über große Kartuschen können Lebensmittel – vom Ketchup über Käse bis zum Kartoffelbrei

– auf eine Plattform gepresst werden und dann übernimmt die Maschine das Backen."

D mag gar nicht hingucken. Das Gerät sieht aus wie eine, natürlich mit Display, aufgehübschte Mikrowelle, hinter der Klapptür wartet die kreisrunde Backform auf Arbeit. Pizzabacken mit dem 3-D-Drucker geht so: Erst wird der Teig auf die Platte gegossen, sodann platscht Tomatensoße aus einer anderen Kartusche. Es folgen Gewürze, Käse – und dann backt die Maschine los. Das in Barcelona erfundene Gerät kann weitaus mehr, Hamburger zum Beispiel oder auch Plätzchen. „Wir drucken mit echten, frischen Lebensmitteln", begeisterte sich bei der Präsentation des Gerätes im Dezember 2014 eine Firmenvertreterin, „das ist doch viel besser, als sich im Supermarkt eine Tiefkühlpizza zu besorgen." Auch diese Küchenmaschine ist mit dem Internet verknüpft, bedient sich aus Rezeptsammlungen – der Betreiber muss nur noch die entsprechenden Lebensmittel in die Kartuschen füllen. „Für den End-Konsumenten", sagt Nora Möbus, „ist das noch zu weit weg – zu schwer, zu teuer." Da macht sich bei D eine gewisse Erleichterung breit.

Nora Möbus macht zwei kurze Trippelschritte; es ist unverkennbar, dass wir uns dem Stolz der neuzeitlichen Hausfrau nähern. „Hier kommt die Küche, in der ich als Millenial regieren kann. Mein wichtigstes Instrument ist das Handy, das habe ich ja sowieso immer dabei. Stellen Sie sich folgende Situation vor: Ich habe mir im Supermarkt eine Wagner-Pizza gekauft und möchte die gleich essen. Ich scanne noch im Markt den Barcode ein, damit sich der Backofen schon mal darauf einstellen kann ... Ich sage meiner Küche Hallo" – das heißt in der Küche der Zukunft: die Rückwand antippen. Ein Glockenton – die gesamte Wand wird zum Bildschirm.

»‚Guten Abend', sagt die Küche,‚der Ofen wird jetzt vorgeheizt.'«

„Guten Abend", sagt die Küche – die Stimme klingt weicher und angenehmer als die beim Mercedes-Navigationsgerät. Zugleich wird der

Raum von Musik geflutet, „das ist die Musik, die ich eben noch auf meinem Handy gehört habe", erläutert Frau Möbus. „Der Ofen wird jetzt eingeschaltet. Bitte bestätige mit Ja", säuselt die Küche. Nora Möbus beugt sich leicht vor und gehorcht: „Ja!" Jetzt wieder die Küche: „Der Ofen wird vorgeheizt." Eine Unterhaltung ist jetzt nicht mehr möglich, die Küche redet schon wieder dazwischen: „Das Gemüse im Kühlschrank ist schon eine Woche alt. Als Salat würde es vielleicht gut zur Wagner-Salami-Steinofenpizza passen." „Sie sehen", sagt Nora Möbus, „die Küche ist auch darauf geeicht, Verfalldaten zu beachten – und Empfehlungen für eine gesunde Ernährung zu geben." „Salat!", flüstert D, „mal sehen, ob die Dame uns auch noch einen Schnaps offeriert." Er ahnt es natürlich selbst – er hofft vergebens. Frau Möbus fischt stattdessen eine Tomate aus dem Kühlschrank und legt sie auf die Küchenarbeitsfläche. Die Küche denkt schon wieder mit: „Zu der Tomate würde vielleicht Thomy-Olivenöl passen. Du hast auch noch Pinienkerne, die du dazu nehmen könntest." Der große Küchen-Screen zeigt nicht nur Uhrzeit und Wetter und wann die S-Bahn uns pünktlich zum nächsten Termin bringt, sondern macht jetzt Rezeptvorschläge. Frau Möbus ist begeistert: „Diese Küche weiß, was alles vorhanden ist – und ich brauche mich nur durch ihre Rezepte zu klicken, so dass selbst mir das Essen gelingt." „Der Ofen ist nun vorgeheizt", mahnt die Küche, „bitte, leg deine Wagner-Pizza jetzt in den Ofen." In dieser Küche, soviel ist mal klar, geht es höflicher zu als in den meisten Familien. „Entferne aber vorher die Schachtel", äfft D die sprechende Küche nach. Alle lachen, G meint: „Das sagt die Dame nur in den USA, wegen der Haftung."

„Diese Küche", schwärmt Nora Möbus, „wird zum Lebensmittelpunkt. Alle Informationen, die für mich wichtig sind – inklusive meiner Termine – habe ich hier immer vor Augen ..." „Die Pizza ist fertig", sagt die Küche. D hat eine Frage: „Worin liegt denn hier der Fortschritt? Wir haben unsere Pizza bislang mit herkömmlichen Mitteln auch gut hinbekommen, wir haben unsere Bahn erreicht, wir kennen die Wetterlage ..." „Heilige Einfalt", weist ihn G zurecht: „Man muss sich nicht mehr mit seiner Frau unterhalten, das sind doch unschätzbare Vorteile!" Die beiden Herren glucksen, aber sie glucksen allein. D flüstert G zu: „Stell dir mal vor, du willst die Küchenfee in einen Diskurs über das neue Buch von Bodo Kirchhoff verwickeln. Da wirst du schnell dankbar sein, dass du noch eine echte Frau hast."

Nora Möbus: „Wir beobachten hier in Deutschland, dass die Küchen zum Statussymbol werden. In den Zukunftsszenarien gibt es ja unterschiedliche Entwicklungsmöglichkeiten. Entweder die Küchen werden ganz klein oder verschwinden sogar völlig aus der Wohnung – oder sie werden noch bedeutender und größer als heute."

Alexander Antonoff: „Der Zauber liegt in der intelligenten Vernetzung von Dingen, die ich zum großen Teil bereits habe. Das Handy, der Kühlschrank, die gesamte Küche – sie kommunizieren miteinander und sie helfen uns, die Lagerung, die Lieferung und die Zubereitung optimal zu managen. Es ist natürlich auch eine Frage der Generation und des Lebensstils. Denken Sie daran, wie vor über zehn Jahren die Nespresso-Maschinen eingeführt wurden – da haben auch viele erst mal gesagt: Was soll ich damit? Ich habe meinen Filterkaffee und der schmeckt mir. Letztlich sollen diese Geräte dazu beitragen, dass ich mein Leben einfacher gestalten kann."

G: „Ich stelle mir gerade vor, ich habe ein besonderes Olivenöl aus Ligurien mitgebracht und trage das in diese Küche. Das kennt und erkennt die Dame ja nicht – wie geht die Küche damit um?"

Nora Möbus: „Ja, das sind unterschiedliche Systeme. Bei solch besonderen Produkten müssen sie das manuell eingeben, damit es in der Datenbank registriert wird."

G: „Wann kann man diese Küche kaufen?"

Alexander Antonoff: „Das wissen wir nicht. Aber wir müssen jetzt daran arbeiten, wir müssen uns jetzt mit den unterschiedlichen Zukunftsentwürfen auseinandersetzen, um in drei, fünf oder acht Jahren vorbereitet zu sein. Den Samsung-Kühlschrank können Sie ja bereits kaufen – aber ansonsten ist das wie mit dem Elektroauto: Die Entwicklung muss sich durchsetzen. Wir haben in unserem Weltkonzern die Möglichkeit, die Ideen und Erfindungen zwischen den Entwicklungszentren zum Beispiel hier in Frankfurt oder im Silicon Valley auszutauschen und miteinander zu verknüpfen. Das verbessert unseren Blick auf die Zukunft."

G: „Was schätzen Sie, welcher Markt als erstes zubeißt bei einer solchen Entwicklung? Die Deutschen sind doch wahrscheinlich eher zögerlich …"

Nora Möbus: „Wir können es vielleicht anhand des Kühlschranks erläutern: Der verbreitet sich am schnellsten in den USA und in China. Als Mitglieder des chinesischen Generalkonsulats mit einer 50-köpfigen Gruppe unser Competence Center besucht haben, da kannten diesen Kühlschrank alle."

G: „Ist es eigentlich denkbar, dass der geschätzte Kollege D abends in seine sprechende Küche tritt und die freundliche Dame sagt zu ihm: An deiner Stelle würde ich mal Dinner-Cancelling betreiben?"

Alexander Antonoff: „Die Frage klingt zwar lustig, hat aber durchaus einen ernsten Kern. Die Personalisierung dieser Küchenkonstruktion ermöglicht ja vieles. Zum Beispiel bei Diabetikern, die pro Tag nur eine gewisse Anzahl von Kalorien und Nährwerten zu sich nehmen dürfen. Den Tag über registriert das vernetzte System, was der Diabetiker gegessen hat – und kann ihm abends empfehlen: Du hast noch drei Tomaten im Kühlschrank, die sind okay, aber von dem Fruchtjoghurt rate ich ab."

D plauscht mit Christoph Rainer derweil über die Spitzenküche der Jetztzeit. Auf konkrete Urteile will Rainer sich nicht einlassen. D lässt nicht locker: „Haben die Spanier nicht Maßstäbe gesetzt?" „Ja, Sie waren oder besser gesagt sind sicher sehr avantgardistisch und richtungweisend. Aber ehrlich gesagt fand ich den von den Medien verbreiteten Begriff Molekular-Küche etwas daneben, was bedeutet das schon? Wenn ich ein Ei koche und das Eiweiß stockt, ist das auch ein molekularer Vorgang. Aber natürlich wurden während dieser spannenden Zeit Techniken und Prozesse entwickelt, die heute nicht mehr wegzudenken sind. Nur für das Dekonstruieren von frischen Produkten konnte ich mich nicht so wirklich begeistern. Mir persönlich ist es wesentlich wichtiger, die besondere Karotte zu finden, die süß ist und schmackhaft – naturbelassen. Daraus müsste ich dann nicht zwingend ein Esspapier oder ähnliches herstellen."

Und außerdem: „Es wird sicherlich immer wieder innovative Trends und Wege geben. Beim Essen schwingen doch immer Emotionen mit. Ich kann mich für ein Hotdog auf der 5th Avenue in New York genauso begeistern wie für eine Ramensuppe in Tokio oder ein mehrgängiges Menü in einem Spitzenrestaurant in Paris."

In der Küche der Zukunft wird jetzt das Licht gedimmt, die Runde widmet sich dem Spitzenkoch der Gegenwart. Neun Jahre lang hat Rainer in der Villa Rothschild in Königstein die Feinschmecker umsorgt – zwei Sterne! Seine letzte Station war der ebenfalls Sterne-funkelnde Tiger-Palast, seit diesem Herbst dirigiert er die Köche des Gourmet-Restaurants im Luxushotel Schloss Elmau nahe der österreichischen Grenze; 2015 hat hier bereits der G7-Gipfel getagt.

Christoph Rainer: „Ich musste eben ein wenig schmunzeln bei den Ausführungen über die Gesundheitsorientierung der Ernährung. Ich habe meinen persönlichen Weg selbst noch nicht hundertprozentig gefunden. Ich wandele immer zwischen Völlerei und Verzicht. Ich esse sehr gern, wenn ich aber merke, dass es deutlich ein paar Pfunde zu viel sind, geht's im nächsten Urlaub nach Sri Lanka. Dann ernähre ich mich vegan, mache im Anschluss eine Stoffwechselkur, da nehme ich ratzfatz 15 Kilo ab – und dann geht es meistens wieder von vorne los." „Jojo-Effekt", wirft Herr Antonoff ein. „Die Helmut-Kohl-Diät", sagt G.

D: „Spitzenkoch zu sein, ist ja eine anstrengende Angelegenheit. Sehr fordernd, auch physisch, sehr zeitintensiv..."

Barbara Röder: „Bei der Entwicklung seiner Menüs legt Herr Rainer sehr großen Wert auf das Aromenspiel, man braucht sehr viel Zeit, so etwas auszuprobieren, bis dann alles auf dem Teller eine überzeugende, überraschende Komposition ist."

Christoph Rainer: „Das gilt erst recht, wenn man ein vollständiges Menü kreiert. Es muss alles zusammenpassen, die Dramaturgie muss stimmen – es soll ja von Gang zu Gang eine Steigerung geben. Man kann nicht mit extrem kräftigen Aromen anfangen und dann von der Aromatik schwächer werden oder nachlassen – es soll für den Gast immer spannend bleiben."

G: „Sagen Sie mal was zum Thema Fleisch. Welche Rolle spielt das für Sie – und hat sich für Sie angesichts der häufig hitzigen Debatten etwas an Ihrer Einstellung geändert?"

Christoph Rainer: „Es gibt ja keinen vernünftigen Menschen, der nicht gegen Massentierhaltung ist. Aber ein Fleischverzicht wäre für mich völlig undenkbar. Mein Opa war Kleinbauer, ich habe als kleines Kind beim Schlachten auch Blut gekleppert und die Blutwurst mit hergestellt... Ich bin jetzt niemand, der zum Frühstück schon zwei, drei Scheiben Wurst braucht, aber ansonsten möchte ich darauf sicherlich nicht verzichten."

G: „Zum zweiten Frühstück geht's dann schon an die Wurst, oder?"

Christoph Rainer: „Ja, vielleicht... Ich muss auch nicht fünfmal in der Woche Fleisch essen. Entscheidend ist doch, dass das Fleisch, das ich auswähle, qualitativ hochwertig ist."

G: „Wie findet man ‚qualitativ hochwertiges Fleisch'?"

Christoph Rainer: „Privat wie im Geschäft ist mir wichtig, dass ich weiß: Woher kommt das Tier? Was ist das für ein Fleisch? Ich kann nicht davon ausgehen, dass alles, was teuer ist, gut ist – aber ich kann mit Bestimmtheit sagen, dass alles, was besonders billig ist, nicht gut ist. Man muss bereit sein zu investieren. Heute hat ja jeder die Möglichkeit, sich zu informieren. Man sollte bitte Fleisch nicht beim Discounter kaufen – es gibt noch genügend traditionelle Metzgereien in jeder Region, die sich über Kundenzuwachs freuen und diesen auch brauchen."

G: „Ist Fleisch zu billig in Deutschland?"

Christoph Rainer: „Mir ist klar, dass es sich nicht realisieren lässt – aber ich würde es persönlich schon begrüßen, wenn es noch strengere Richtlinien und Kontrollen für Zuchtbetriebe und so etwas wie einen Mindestpreis für gewisse Fleichprodukte geben würde- natürlich nach oben offen. Letztendlich sind wie bei allem die Kosten kriegsentscheidend. In diesem Fall leider zu Lasten der Tiere!"

G: „Wir reisen doch alle, wir erleben doch, wie es woanders ist. Derart billiges Fleisch wird man in Frankreich oder in Italien nicht finden."

Christoph Rainer: „Am Ende ist es doch immer eine Frage der Gewichtung. Der Deutsche ist leider bekannt dafür, dass er bei einem hochwertigen Motoröl den Preis nicht hinterfragt – aber bei dem Thema Speiseöl zu knausern anfängt und in der Regel nach dem günstigsten greift."

G: „Hat sich bei den Kunden in der Spitzengastronomie etwas geändert? Essen die Menschen weniger Fleisch als früher?"

»Ich kann ja den Gästen nicht sagen: Das Entrecôte ist hier aus Bad Schwalbach. Ist nicht so gut wie das aus den USA oder Japan, aber es ist aus der Region.«

Christoph Rainer: „Es wird sich schon bewusster ernährt. Wir haben natürlich darauf reagiert. Alternativ bieten wir auch ein vegetarisches Menü an – aber Fleisch ist nach wie vor immer noch sehr gefragt.

Allerdings möchten unsere Gäste umfassender über die Herkunft unserer Produkte informiert werden. Ich bin übrigens kein Verfechter der bedingungslosen Regionalität. Die makellose Qualität ist ausschlaggebend. Ich kann ja den Gästen nicht sagen: Das Entrecôte ist hier aus Bad Schwalbach. Ist nicht so gut wie das aus den USA oder Japan, aber es ist aus der Region. Das geht doch nicht! Es war zudem bei mir schon immer üblich, dass wir bei einem Fleischgericht das Prinzip „From Nose to Tail" abbilden. Wenn Sie zum

Beispiel bei mir US-Beef bestellen, dann gibt es zum Start eine Consommé, also eine Kraftbrühe, und ein Crostini, das ist in dem Ochsenmark gebacken. Ein im gestockten Gelee eingewickeltes Tatar. Zum Rücken gibt es zum Beispiel vom Kalbsschwanz eine Praline dazu, ein Stück geschmorte Schulter, eine Backe, ein Schaufelstück – und dann noch etwas Kurzgebratenes. Bei mir ist es niemals so, dass wir nur Rücken oder Filet verarbeiten, das für mich sowieso das langweiligste Stück Fleisch ist."

D kommt wieder mit einem seiner Lieblingsthemen um die Ecke: „Sind Innereien eigentlich völlig unten durch, oder wird so etwas auch noch nachgefragt?"

Christoph Rainer: „Unten durch sind diese nicht, aber Frauen wird man erfahrungsgemäß kaum dafür begeistern können. Man sagt ja auch, Innereien seien nicht so bekömmlich. Aber da geht es doch wie bei allem immer um die Dosis und die Regelmäßigkeit."

Barbara Röder: „Unter den Nachwuchsköchen wissen viele gar nicht mehr, wie man Innereien wie Nieren oder Kalbsbries überhaupt zubereitet."

D versucht, die beiden Esswelten zu verknüpfen: „Glauben Sie, dass Sie auch in einer Welt sich verändernder Ernährungsgewohnheiten ihre Kundschaft finden werden? Die Menschen werden ja, allen digitalen Sound-Systemen zum Trotz, auch weiter in die Oper gehen."

Christoph Rainer: „Ja, so sehe ich das auch. Kochen auf hohem Niveau ist doch schließlich auch ein angesehenes Kulturgut. Ich finde es sehr wichtig, dass dies auch aufrechterhalten wird – und bin mir sicher, das wird auch gelingen. Glücklicherweise gibt es noch ausreichend genussvolle Menschen"

Wie wird der Mensch in Zukunft essen? Sitzt er einsam auf seiner Sofakante und mümmelt an seinem Wrap oder schlürft seinen High-Energy-Drink? Denkt er beim Essen nur noch daran, wie er schöner und tüchtiger werden kann? Prüft er seine Menüs stets darauf, ob sie mit seinen ethischen Grundsätzen vereinbar sind? Spricht er nur noch mit seinem Kühlschrank und lässt sich von seiner Küchen-App beraten? G wirft ein: „Selbst in der Zukunftsstudie, die ja mehrere denkbare Entwicklungen aufzeigt, wird dargelegt, dass ein Traum wohl niemals sterben wird: selbst der hartgesottenste Single wünscht sich als schönste Form der Nahrungsaufnahme eine Mahlzeit in Gemeinschaft." „Das ist das gute alte Lagerfeuer, das immer noch lockt", sagt Alexander Antonoff: „Diese Sehnsucht lebt. Aber so wie sich Kochkompetenzen verlernen, so verlieren sich auch Sozialkompetenzen. Wenn das gemeinsame Essen in der Familie nicht vorgelebt und als erstrebenswertes Ritual erfahren wurde – woher sollen die Menschen das dann lernen?"

»Selbst der hartgesottenste Single wünscht sich als schönste Form der Nahrungsaufnahme eine Mahlzeit in Gemeinschaft.«

Wo sollen sich Familien oder Freundeskreise zusammenfinden, wenn die Wohnungen immer kleiner werden und am Ende noch nicht einmal mehr Küchen haben? „Alleine essen macht keinen Spaß", weiß Sunbul Dubuni, als „Innovationsexpertin" bei den LSG Sky Chefs. In Gemeinschaft zu essen, sei „tief in der gesamtmenschlichen Kultur verankert." Auch im Jahr 2030, so der versöhnlichste Ausblick in der Nestlé-Zukunftsstudie, sind die alten Sehnsüchte noch wach: „In der fragmentierten Gesellschaft brauchen Menschen einen gemeinsamen Nenner, der sie zusammenbringt. Das Essen eignet sich hervorragend dafür." Und wie organisiert man das? Auch darauf haben die Zukunftsforscher eine Antwort – in Gemeinschaftsküchen, die es im Jahr 2030 in vielen Wohnquartieren geben werde. Für manche dieser mit professionellen Geräten aufgerüsteten Mietküchen könne man dann Einkaufs-, Aufräum- und Kochservice gleich mitbuchen. Man hockt sich dort mit Freunden, Nachbarn oder – soweit noch vorhanden – Familie zusammen, futtert – und lebt.

So kann einem die Zukunft am Ende doch noch schmecken!

GESPRÄCHSPARTNER

Die Küchenmeisterin **Barbara Röder** hält sich gern im Hintergrund, aber von dort aus hat sie alles im Griff. Die quirlige Feinschmeckerin ist Vorsitzende des Landesverbandes der Köche Hessen und hat obendrein den Club der „Foodhandwerkerinnen" gegründet, ein Netzwerk für Frauen in der Lebensmittelbranche. Sie arbeitet bei Nestlé Professional und ist dort für die Produktentwicklung und Organisation von Seminaren zuständig, zu denen sie die besten Köche der Republik als Referenten engagiert. Auf der Firmen-Webseite beschreibt Nestlé Barbara Röder als „passionierte Genießerin und kulinarische Globetrotterin".

Man sieht, dass es ihm schmeckt – aber nicht unbedingt, dass er zu den besten Köchen Deutschlands zählt: **Christoph Rainer** ist ein schnörkelloser, uneitler Mann. Geboren in Hanau, ist der bekennende Eintracht-Fan während der letzten knapp zehn Jahre seinem Heimat-Terrain treu geblieben: als Küchenchef in der Villa Rothschild (Königstein) und im Gourmet-Restaurant des Tigerpalasts. Zwei Michelin-Sterne sind das Gütesiegel für seine Kochkunst, die er jetzt erst mal weit weg zelebriert – im Luxushotel Schloss Elmau.

Die gute Laune kommt ihr offenkundig selten abhanden: **Nora Möbus** regiert im Nestlé Competence Center, eine souveräne auftretende Gästeführerin, die es nach dem Studium von Betriebswirtschaft und Psychologie in die Nahrungsmittelbranche verschlagen hat. Ihre Mitstreiterin ist „Food-Assistentin" aus dem Bereich der Nestlé Professional – **Jessica Meier.** Auch ein Mann half mit bei der Erkundung der Ernährungszukunft: **Alexander Antonoff.** Der frühere Journalist ist heute stellvertretender Leiter der Unternehmenskommunikation bei Nestlé.

Nachspeise

Ein Traum von einem Festmahl

Treffen sich Bismarck, Bocuse, die Loren und viele andere zum Essen. Die beiden Autoren sind dabei und beobachten, ob ihnen das bekommt.

D und G stehen mit festgefrorenem Lächeln gleich vorn in der Ecke, den Rücken zur Fensterfront – zwei Männer im Beobachterstand. Sie halten Champagnerflöten in den Händen, als wäre es ihnen peinlich. Noch hat sich niemand blicken lassen, der die Gläser hätte füllen können.

D: „Das dürfte ein langer Abend werden."

G: „Rätselhaft. Diese Stille. Keiner lässt sich blicken, nur diese drei Komiker da hinten."

D: „Hoho. Wie sprichst du über diese Würdenträger. Bring mal deine Wortwahl zur Reinigung."

An der Stirnseite des Raums stehen drei Männer unbequem nebeneinander. Paul Bocuse, der immer in Sorge ist, jemand könne ihn nicht erkennen, trägt eine schneeweiße Chefkoch-Jacke und einen bestimmt einen halben Meter hohen Chefkoch-Hut. Auf diese Weise ist er schon mal garantiert der Größte im Raum. Am Hals baumelt ein Orden an einem breiten, trikolorefarbenen Band. Bocuse sieht mürrisch aus. Er murmelt vor sich hin. „Wie kann man mich neben diesem Scharlatan platzieren. Ein Kretin, ein Nichtskönner. Lässt sich als Superkoch feiern und ist ENGLÄNDER. Es ist unfassbar, skandalös ..."

Jamie Oliver: „Hoffentlich kommen die bald zur Sache hier. Der verweste Schinken neben mir brabbelt vor sich hin. Wie er sich aufgeputzt hat – dabei ist seine Zeit längst abgelaufen. Perdu, wie der Franzmann sagt…" Missmutig blickt „Jamiiie" zu seiner Rechten, wo vollständig in sich ruhend ein Spanier steht – ein Katalane, um genau zu sein – die Beine gespreizt, die Hände spielen mit einem Reagenzglas und einem Metalldöschen.

Ferran Adrià Acosta: „Welch seltsame Einladung. Man lässt mich warten! Kein Kellner in Sicht, kein Gastgeber, keine anderen Gäste. Nur diese zwei Straßenbahnfahrer da vorne, mein Gott, das ist doch KEIN PUBLIKUM!"

„Hey, Adrià, alter Bunsenbrenner, was drehst du denn da zwischen deinen Fingern? Kleines Geschenk für die Gastgeber?", bohrt Jamie Oliver. Selbst Maître Bocuse ist gespannt auf die Antwort. Widerstrebend, aber auch mit dem Stolz des Entdeckers hält der spanische Meisterkoch zunächst das Reagenzglas hoch. Schieferschwarzes Mus leuchtet darin. „Kandierte Erdbeeren", erläutert Adrià und schraubt auch schon den Deckel des Döschens auf. Das ist bis obenhin gefüllt mit giftgrünen Perlen in der Größe von Forellenkaviar. „Wollen sie kosten?" fragt Adrià – „ein einzigartiges Gericht: getrüffeltes Filet vom Iberico-Schwein." – „Wohl schon etwas schimmelig geworden, was?" erkundigt sich Jamie Oliver. Maître Bocuse ist nicht nach Spott zumute, er ist erbost.

„Geh zurück in deine Bonbon-Fabrik, Spanier!"

„Katalane", sagt Adrià.

„Das ist doch vollkommen einerlei. Südlich von Frankreich herrscht sowieso die Barbarei, den allerbesten Beweis hast du ja jetzt wieder erbracht. Was taugt ein Schwein, das aussieht wie ein Pfefferminzbonbon?"

„Was herrscht denn westlich von Frankreich?", erkundigt sich selbstbewusst der Engländer.

„Da herrschen die Hottentotten."

„Ich geb dir gleich Hottentotte", schnaubt Jamie Oliver und hat jählings ein Kellnerbesteck zur Hand, den Korkenzieher wie ein Mordinstrument aufgeklappt. Dann lässt er abrupt von dem Franzosen ab, der Korkenzieher richtet sich jetzt bedrohlich gegen den Katalanen. „Fleisch", schnaubt Oliver, „Fleisch ist Fleisch. Es hat Fasern. Es hat Knochen. Es hat Fett. Es hat Biss. Es blutet. Fleisch hat unsere Achtung verdient. Und was machst du daraus? Eine Clownerei. Wenn ich Iberico-Schwein bestelle – immerhin etwas Echtes, was ihr Spanier zuwege gebracht habt – dann will ich dieses unverwechselbare Stück Fleisch und ganz sicher keine Pillen aus der Apotheke."

Bocuse ist begeistert. „Respekt, Mr. Oliver, wusste gar nicht, dass ein Roastbeef so temperamentvoll sein kann. Aber vielleicht tun wir dem spanischen Señor auch unrecht. Vielleicht betreibt er ja eine Kantine in einem Altenheim. Das wäre doch herrlich, wenn unsere Senioren alles nur noch in Mus- und Pillenform zu sich nehmen könnten. Ein Fortschritt ..." Der Rest verliert sich in einem gurgelnden Gelächter. Jamie Oliver klappt sein Kellnerbesteck wieder zusammen.

D: „Bei den drei Meisterköchen geht es ja ganz schön zur Sache. Nächstes Mal sollten wir vielleicht einschreiten, bevor Blut fließt."

G: „Wir beobachten nur, vergiss das nicht."

Die fünf Männer stehen im Sèvres, dem Gourmet-Restaurant im Grandhotel Hessischer Hof. Für diesen Abend hat sich der ehrwürdige Raum vollständig entblößt. Bis auf die Leuchter an den Decken und den Wänden wurde alles fortgeschafft, die runden Tische mit ihren Damasttüchern, die schweren Polsterstühle, die Beistelltische, auf denen sonst Kerzenleuchter, Gewürze, Vorlegebesteck und Edelbrände bereitstehen; sogar das riesige Blumengesteck links vom Eingang ist nicht mehr da. Stattdessen: ein paar Bistro-Stehtische, die wie Fremdkörper wirken. Umso heller strahlt das kostbare Feuillet-Porzellan in den Glasvitrinen, die den Raum umzingeln. Sie werden eine merkwürdige Zusammenkunft beleuchten, ein Gipfeltreffen von Geschmack und Dekadenz, in das D und G wie im Traum hineingeraten sind.

Fast unbemerkt ist ein leicht korpulenter Mann durch den Eingang gewischt und bewegt sich jetzt mit rudernden Armen und einem leicht tänzelnden Schritt auf die Köche zu. „Das ist doch…", sagt G. „Ja", nickt D, „ohne Zweifel…" Sie sehen den Mann nur von hinten und haben ihn dennoch sogleich erkannt: Louis de Funès. Er trägt das Kostüm aus dem geschmacklosesten seiner Filme, „Brust oder Keule" – das Testesser-Jackett, in dem Glasröhren klirrend auf Essens- und Getränkeproben warten. Der kleine große Franzose hat keinerlei Kontrolle über sein Gesicht, es grimassiert wie entfesselt, die Stirnfalten hüpfen auf und nieder; streng blickt er die Meisterköche, einen nach dem anderen, an. Dann greift er entschlossen nach Adriàs Reagenzglas. „Das ist konfisziert", sagt er, „zu Testzwecken!"

„Nein!" – „Doch!" – „Ooh!" Der stolze Katalane lässt nicht locker. Ratlos und mit leeren Händen wuselt Louis de Funès davon, er wartet auf seine Gelegenheit.

Am Eingang tut sich etwas. Kellner schwärmen aus, schon gluckst ein sanft perlendes Getränk in die Gläser von D und G, Dom Perignon Plénitude Deuxième, der Vintage Champagner von 1998. „Kann man trinken", sagt G. „Banause", entgegnet D. Gäste drängen in den Raum, vorneweg ein hochgewachsener Kerl in Uniform. Knopfgroße, herablassende Augen in einem glattrasierten Gesicht, mit Orden behängt wie der Vorsitzende eines Karnevalsvereins. Mit forschem Schritt drängt er in die Mitte des Raums, als sei hier der Feldherrnhügel. Unauffällig schaut er, ob aus den leeren Ecken ein Hinterhalt droht, dann entspannt er sich.

D: „Was ist das denn für einer?"

G (blättert in der Gästeliste und singt leise mit quäkender Stimme einen fast vergessenen Abba-Song): „‚Waterloo – I was defeated, You won the war.' Darf ich vorstellen: Arthur Wellesley, Herzog von Wellington."

D: „Herrschaft! Der Held von Waterloo. Der Mann, der Napoleon endgültig auf Null brachte!"

G: „Na ja, ohne unseren Blücher wäre der Mann ja wohl gnadenlos gescheitert."

Ein stämmiger Mann mit robustem Dickkopf, das weiße Haar zu Locken gedreht, geht auf den Feldmarschall von Wellington zu. Er redet schon, als ihm noch niemand zuhört: „Eine geistreiche Frau hat mich versichert, sie erkenne die Feinschmecker an der Art, womit sie gewisse Worte wie: ‚Herrlich! Vortrefflich!' aussprechen; die Adepten legen einen Accent der Wahrheit, Zartheit und Begeisterung hinein, den vernachlässigte Gaumen nicht nachzuahmen vermögen."

D: „Dass muss dieser Brillat-Savarin sein, Jean Anthelme Brillat-Savarin, ein gebildeter aber auch geschwätziger Mann. Ein Richter!"

Jetzt hat Brillat-Savarin den Briten erreicht und fixiert ihn mit seinen dunklen großen Augen: „Wissen Sie, woran man einen wahren Gourmet erkennt?" Der Herzog von Wellington zuckt desinteressiert die Schulter. Brillat-Savarin: „Merken Sie sich's gut: Ein echter Feinschmecker, der ein Rebhuhn verspeist, kann sagen, auf welchem Bein es zu schlafen pflegte." Gelangweilt wendet sich der Herzog ab.

»Ein echter Feinschmecker, der ein Rebhuhn verspeist, kann sagen, auf welchem Bein es zu schlafen pflegte.«

Herein schwebt eine ätherische Erscheinung in einer Art Pfauenkleid. Die Männer, auch die Kellner, starren sie an. „Darf ich vorstellen", sagt D, „Mary Curzon, Baroness von Kedleston. Wir können ja dankbar sein, dass die Lady nicht auf einem Elefanten einreitet. Vize-Königin von Indien! Die Briten wussten wirklich zu leben."

Ein Herr im dunklen Zweireiher geht – oder besser: schleicht – in den Raum und steuert sofort auf die drei Meisterköche zu, von denen länger nichts zu hören war. Seinen borstigen Schnurrbart schiebt er leicht vor, als er sich zu erkennen gibt: „Auguste Escoffier, die Herren. In aller Bescheidenheit: Man nannte mich Koch der Kaiser und Kaiser der Köche. Und was machen Sie beruflich so?" Bocuse, Oliver und Adrià schauen ihn fassungslos an und schweigen. Escoffier wendet sich an den Katalanen. „Ich möchte nicht hochtrabend erscheinen, aber ich habe die Küche des 20. Jahrhunderts erfunden." – „Respekt", sagt Adrià, „ich habe die Küche des 21. Jahrhunderts erfunden." Escoffier blickt indigniert auf das Reagenzglas. „Wie soll das bloß weitergehen?", fragt er. „Wird im nächsten Jahrhundert gar nichts mehr gegessen?"

D und G sind vom Auftritt zweier Frauen gefesselt. Sophia Loren schwebt herein, diese prächtig anzuschauende Italienerin, und gleich neben ihr, mit weniger forschem aber schnellem Trippelschritt Madame de Pompadour. „Das Busenwunder und die Mätresse", sagt G. „Unhold", weist D ihn zurecht und liest begeistert aus einer alten Beschreibung der „Maîtresse en titre", der offiziellen Liebesbegleiterin von König Ludwig XV.: „Nichts an ihr war eckig, alle Formen, jede Bewegung abgerundet." – „Stimmt hundertprozentig", sagt er. Die Pompadour redet auf die Loren ein: „Die Liebe eines Mannes wird im Bett gewonnen und bei Tisch erhalten." – „Wenn man's nötig hat", antwortet die Loren etwas schnippisch.

Mit zwei, drei tanzartigen Schritten hat sich die Loren von ihrer ungebetenen Begleiterin befreit und tänzelt jetzt auf den Helden von Waterloo zu, um ihn ohne weitere Umstände ins Kinn zu kneifen. Der Herzog von Wellington steht stocksteif. „Verdammt", sagt er schließlich, „sie ist ein Prachtweib!" – „Ach was!", sagt die Loren, „er kann mich auch ruhig direkt ansprechen, der Herr General." Dann dreht sie sich einmal, dass der Glockenrock sich über ihre Knie erhebt. „Alles, was Sie hier sehen", sagt sie kokett, „verdanke ich den Spaghetti." Dann ein erneuter Griff ans Kinn. „Wer glotzt, führt keine Kriege", sagt sie noch, dann ist sie weg und sucht ein neues Opfer.

„Bin gespannt, ob der Stramme Max hier auch noch aufläuft", witzelt D. Aber da stakst ein ganz anderer auf leicht wackligen

Beinen herbei, Otto Graf Bismarck, der „Eiserne Kanzler". Verstohlen greift er nach der Hand von Pauline Lucca, der Opernsängerin – doch die wischt ihn schnippisch weg. „Die braucht den alten Herrn nicht mehr", sagt G mit Zorn in der Stimme. „Erst benutzt sie ihn für PR-Zwecke – und dann ..." – „Schau mal der da", murmelt G, „schon wieder ein Militär. Die sind ja allmählich wirklich in der Überzahl!" – „Ziemlich milde Augen für einen Admiral", urteilt D. Horatio Nelson, der bei der heroischen Seeschlacht von Trafalgar erst siegte und dann doch noch „last minute" erschossen wurde, trägt seinen schwarzen Dreispitz mit goldenem Rand wie eine Krone. Die Epauletten, die Orden – alles glitzert in Silber und Gold, daneben wirkt der Napoleon-Bezwinger rechtschaffen blass.

Paul Bocuse ist verärgert. „Weshalb sind wir eigentlich hier? Warum darf man sich nicht setzen? Wo bleibt das Essen? Es ist ja offenkundig nicht vorgesehen, dass eine meiner Kreationen hier zu Ehren kommt", schnaubt der Maître. „Was sollte das schon sein?", höhnt Jamie Oliver, „dein Coq au Fleurie? Hähnchen in Wein kann doch jede Hausfrau!" – „Nichtskönner, elender. Was könntest du schon servieren? In der Pfanne geröstetes Brot mit Knoblauch oder ähnlichen Blödsinn? Wie wär's, wenn du dich mal lieber um die Lebensmittelvergiftungen in deinen Restaurants kümmern würdest?" Der Katalane gibt den Versöhner: „Hier geht es nicht um große Kochkunst", sagt er, „hier geht es nur um große Namen!"

„Was ich Sie immer schon mal fragen wollte, alter Mann", Jamie Oliver beugt sich zu Paul Bocuse, „wie schaffen sie das nur, gleichzeitig mit drei Frauen liiert zu sein?" – „Man muss gut kochen können und gut aussehen; das sind ja schon mal zwei Grundvoraussetzungen, die bei Ihnen nicht gegeben sind. Und kerngesund muss man sein und keinesfalls derart speckhüftig wie gewisse englische Möchtegern-Starköche. Bei solch einem Herrn erscheint es mir sinnvoller, er ehelicht seinen Herd!"

Ein Mann mit außergewöhnlich großer Nase und langem Haarzopf beugt sich zu der berückend schönen Frau an seiner Seite. „Nehmen Sie meinen Arm, Madame", beschwört er sie – aber sie hat nur ein spöttisches Lächeln für ihn: „Ich war schon achtmal verheiratet", sagt sie, „Schauspieler waren darunter, ein Sänger, ein Lastwagenfahrer. Einen Aufreißer-König wie Sie brauche ich da nicht, Signore!" – „Oh", grinst D, „die Liz Taylor hat den alten Schwerenöter Giacomo Girolamo Casanova gleich durchschaut!"

Am Eingang herrscht jetzt Stau. Ein Bediensteter in hellblauer Livree stößt eine Art Zeremonienstab auf den Boden und ruft: „Damen und Herren, ich erbitte ihre Aufmerksamkeit für unsere Speisen". Eine Kellnerbrigade drängt in den Raum und schwärmt sofort aus. Die schwarz-weißen knabenhaften Küchendiener tragen riesige Tabletts voller winziger Tellerchen. „Filet Wellington", ruft der Mann in Hellblau. Plötzlich sind die Gespräche verstummt, als hätte jemand einen Lautstärkeregler ganz nach links gedreht. Die Gäste drängen sich an die Stehtische und machen sich an winzigen Filets im Blätterteigmantel zu schaffen. „Wurde auch Zeit", mäkelt G, „mein Hunger ist enorm!"

Es geht jetzt Schlag auf Schlag. Der Zeremonienmeister klopft erneut: „Eierspeise Savarin. Ein Omelett mit Trüffelscheiben und Schnepfenwürfeln." – „Ach ja", lobt G, „langsam kommt die Sache in die Gänge. Schade, dass die Teller so klein sind."

Wieder das Klopfen. „Bitte sehr, die berühmte Consommé Lady Curzon".

D: „Hier herrscht noch Anstand, hier darf noch die gute alte Schildkrötensuppe gelöffelt werden."

G: „Bin mal gespannt, wieviel Alkohol die Vizekönigin verträgt. Die soll ja recht gern gebechert haben – den Sahneklecks auf der Suppe hat sie angeblich erfunden, damit der Sherry-Geruch übertüncht wird."

„Ein fruchtiger Zwischengang“, ruft der Klopfer, „Pfirsich Melba!“ – „Von mir“, flüstert Escoffier, „ich hab’s erfunden! Benannt nach der australischen Sopranistin Nellie Melba.“ – „Pfirsich mit Eis und Zucker“, schnaubt Bocuse, „das ist ja wirklich bahnbrechend!“

„Noch ein Süppchen“, ruft der Essensmelder, „eine Consommé Pompadour. Darin außer Suppenhuhn und Gemüse bestes Rindfleisch, Krebsschwänze, Trüffeln und Champagner.“ Die Gäste kauen und schlucken, die Kellner schleppen heran und räumen weg wie am Fließband. „Bismarckhering“, ruft der Klopfer, und kaum ist der saure Fisch (mit Essig, Öl, Zwiebeln, Senfkörnern und Lorbeerblättern) in den Raum getragen, da setzt der Unermüdliche sogleich nach: „Lucca-Augen.“ – „Wie isst man das denn?“, fragt G und schaut auf die großzügig mit Kaviar bestreute Auster, die auf einem Tatar-Bett thront. „Nimm die Finger“, rät D, „bei deiner Garderobe schadet es ja nicht, wenn du sie hernach an der Hose abwischst...“ – „Was für eine abenteuerliche Mischung“, murrt Bocuse. „Kannst ja mal was auslassen, alter Franzose“, weist Jamie Oliver ihn zurecht.

Da meldet sich schon wieder der Klopfer. „Kotelett à la Nelson“, ruft er, ein Schweinshappen, der mit Zwiebelmus bestrichen und mit in Butter gerösteten Bröseln bestreut ist. „Erbarmen“, stöhnt D, „genug ist genug. Doch ich fürchte, es geht weiter...“ – der Stab des Klopfers saust herab: „Das Dessert, meine Herrschaften, zunächst Birne à la Casanova.“ – „Das ist was für mich“, D ist beinahe ein wenig aufgeregt, „noch eine Süßspeise. Mit viel Himbeereis!“ Wieder klopft es: „Crêpes Elizabeth Taylor“, die hauchdünnen Pfannkuchen passen kaum auf die Teller. „An den Zutaten“, referiert G, „kannst du die Nähe der Dame zum Alkohol erkennen: Grand Marnier, Himbeergeist, Armagnac, Cognac und Curaçao. Prost!“

Aus den Vitrinen leuchtet das Porzellan auf die verstummte Gesellschaft. Kleider rascheln, Teller scheppern. Lady Curzon kichert, als sie das fünfte Glas des sündhaft teuren Champagners in einem uneleganten Ruck herunterkippt. Die Loren fasst sich an die Hüfte und beteuert: „Das kommt alles von der Pasta." – „Das haben Sie schon offenbart, Signorina", schnarrt der ungalante Louis de Funès.

Das war das Letzte, was man hört. Plötzlich wird alles blass, die Vitrinen verlieren ihr Licht, die Gesellschaft löst sich in einem feinen Nebel auf. Die Loren, die Taylor, die Generäle, die Köche, die Kellner – alle schweben sie davon. Die Lebenden und die Toten verflüchtigen sich. Wie in einem Traum.

D und G stehen an einer Wurstbude. Sie wirken ein wenig derangiert. Ob das von der Hitze kommt? Oder von diesem mexikanischen Bier? „Wo waren wir?", fragt G. „Ganz weit weg", sagt D. Und beißt in sein Leberkäs-Brötchen.

DIE GÄSTELISTE

Ferran Adrià Acosta, geboren 1962 in L'Hospitalet de Llobregat, Katalonien
Otto Fürst von Bismarck (1815 bis 1898)
Jean Anthelme Brillat-Savarin (1755 bis 1826)
Paul Bocuse, geboren 1926 in Collonges-au-Mont-d'Or, Frankreich
Giacomo Girolamo Casanova (1725 bis 1798)
Mary Curzon Baronness Curzon of Kedleston (1870 bis 1906)
Auguste Escoffier (1846 bis 1935)
Louis de Funès (1914 bis 1983)
Sophia Loren, geboren 1934 in Rom
Pauline Lucca (1842 bis 1908)
Jamie Oliver, geboren 1975 in Clavering, Essex
Horatio Nelson (1758 bis 1805)
Madame de Pompadour (1721 bis 1764)
Elizabeth Taylor (1932 bis 2011)
Arthur Wellesley Herzog von Wellington (1769 bis 1852)

Nur die Herkunft des **Strammen Maxen** bleibt ungeklärt. Einer ungesicherten Überlieferung zufolge diente im Jahr 1905 im 6. Thüringischen Infanterieregiment Nr. 95 ein Armeekoch namens Maximilian. Der bekam eines Tages Eier en masse geliefert, die er in dieser Menge nicht bestellt hatte. Gewitzt, wie man schon damals im Osten sein musste, haute er daraufhin den Soldaten jeden Morgen zum Frühstück ein Spiegelei aufs Schinkenbrot. Weil jedoch die Rekruten wegen der aphrodisierenden Wirkung bald mehr erigierten als marschierten, bestellte der Kommandeur den Koch zum Rapport. Um ihn zu demütigen, ließ er den Gefreiten Maxmilian stundenlang im Kasernenhof stramm stehen, was sowohl dem Koch als auch dem Gericht den Namen „Strammer Max" eintrug. Wahrheit oder Soldatenlatein? Wir wissen es nicht.

Digestif

Dank

„Und wie sagt man?", mahnen Eltern ihre Kinder, wenn die beim Fleischer eine Scheibe Gelbwurst bekommen. „Danke", sagt man – „danke und vergelt's Gott" sagen wir allen, die sich Zeit für uns genommen haben.

Achim Greser und Heribert Lenz, Brüder im Geiste und im Fleische, haben dieses Buch wiederum glänzend illustriert. Bruder Paulus Terwitte, Vegetarier, hat uns zwar eine Kapuzinerpredigt gehalten, aber zumindest offengelassen, ob wir bei guter Führung nicht doch in den Himmel kommen. Frank Buchholz hat uns viel von seiner Freude an guten Lebensmitteln mitgegeben, wir sehen uns ganz sicher im „Bootshaus" wieder. Bei Thomas „Haxen"-Reichert haben wir auf vergnüglichste Art gelernt, wie aus einem armen Schwein eine anständige Leberwurst wird. Joachim Saar hat uns die Jägerei in Theorie und Praxis sympathisch gemacht, auch wenn das Brett auf dem Hochsitz hart war. Mit ihrer Gastfreundschaft und mit ihrem Esprit haben uns Maria und Renate Tünsmeyer einen unvergesslichen Abend in Fulda geschenkt. Frank Verse und Cornelia Halm verdanken wir bis dahin ungekannte Einsichten in die Essgewohnheiten unserer Vorfahren. Dank und mit Otto Völker haben wir das Grillen und Frankfurt von einer ganz neuen Seite kennengelernt. Generalkonsul Shunqing Wang hat uns gelehrt, wie groß und wie reich die Welt des guten Essens in China ist und dass der konsularische Dienst überhaupt nicht steif sein muss. An unserer Expedition in die Zukunft waren einige beteiligt – zu allererst die Küchenmeisterin Barbara Röder, die alles im Griff hatte. Der sympathische Sterne-Koch Christoph Rainer, zu dessen neuem Feinschmecker-Tempel es Frankfurter jetzt ziemlich weit haben. Und das kenntnisreiche und unterhaltsame Nestlé-Trio: Nora Möbus, Jessica Meier und Alexander Antonoff. Unserem Verleger René Heinen danken wir schließlich für seinen tollkühnen Wagemut, dieses Buch herauszugeben.

Es hat tierisch Freude gemacht. Allerdings fiel uns erst kurz vor Redaktionsschluss auf, dass wir ein wichtiges Thema gänzlich außer Acht gelassen haben: die fleischfressende Pflanze. Tausend verschiedene Arten lässt der liebe Gott blühen, viele sind von berückender Schönheit. Und gut genährt! Wie beruhigend, dass wir Fleischesser sogar die Pflanzenwelt auf unserer Seite haben.